C.H.BECK ■ **WISSEN**

«Ich hoffe, du wirst mir eine große Stütze sein ...» Anne Frank
vertraute vom 12. Juni 1942, ihrem dreizehnten Geburtstag, bis
zum 1. August 1944 ihrem Tagebuch an, wie sich ihre Familie
zwei Jahre lang in einem Amsterdamer Hinterhaus vor den
deutschen Besatzern versteckte. Die anschauliche Einführung
schildert auf dem neuesten Forschungsstand das kurze Leben
der Anne Frank, die Umstände des Untertauchens und was wir
über den Verrat, die Deportation und den Tod Anne Franks im
Konzentrationslager Bergen-Belsen wissen. Nicht zuletzt erklärt
das kleine Standardwerk die Bedeutung des Tagebuchs als historische Quelle, als ein Stück Weltliteratur und vor allem als ein
Vermächtnis für uns alle.

Ronald Leopold, Historiker, ist Direktor des Anne Frank Hauses in Amsterdam. Das Buch entstand in Zusammenarbeit mit
drei weiteren ausgewiesenen Kennern am Anne Frank Haus.

Ronald Leopold

ANNE FRANK

In Zusammenarbeit mit
*Bas von Benda-Beckmann, Gertjan Broek
und Menno Metselaar*

*Aus dem Niederländischen von
Waltraud Hüsmert*

C.H.Beck

Mit 24 Abbildungen

Der Verlag dankt der Niederländischen Stiftung für Literatur
für die großzügige Förderung.

N ederlands
letterenfonds
dutch foundation
for literature

anne frank haus

Originalausgabe
© Verlag C.H.Beck oHG, München 2023
www.chbeck.de
Satz: C.H.Beck.Media.Solutions, Nördlingen
Druck und Bindung: Druckerei C.H.Beck, Nördlingen
Reihengestaltung Umschlag: Uwe Göbel (Original 1995, mit Logo),
Marion Blomeyer (Überarbeitung 2018)
Umschlagabbildung: Anne Frank 1941,
Fotosammlung Anne Frank Haus, Amsterdam
Printed in Germany
ISBN 978 3 406 79029 4

myclimate

klimaneutral produziert
www.chbeck.de/nachhaltig

Inhalt

Vorwort

Über Anne Frank und die Bedeutung, die ihrem kurzen Leben und ihren Tagebuchaufzeichnungen beigemessen wird, existieren sehr unterschiedliche Sichtweisen. Sie bekam im Laufe der Jahre einen ikonischen Status, der zwar auf ihrer Lebensgeschichte im Kontext des Zweiten Weltkriegs und des Holocaust beruht, sich jedoch nicht darauf beschränkt. Auf der ganzen Welt eignet man sich ihren Namen, ihr Bild oder ihre Texte im Zusammenhang mit den eigenen Lebenserfahrungen an, die oft nur wenig mit der historischen Person Anne Frank zu tun haben. Auf diese Weise ist sie nicht nur ein Symbol für ihre eigene Zeit geworden, sondern auch eine Quelle für gegenwärtige Sinngebung. In verschiedenen Eigenschaften kann sie Menschen inspirieren: als Opfer von Verfolgung, als Schriftstellerin, als junge Frau, als Teenager oder als Geflüchtete. Gerade die Tatsache, dass jede dieser Rollen mehr oder weniger auf Anne Frank zutrifft, macht es leicht, sich mit ihr zu identifizieren.

Annes Vater Otto Frank, der einzige Überlebende der Familie Frank und der acht Untergetauchten aus dem Hinterhaus, spielte für die Erinnerung an Anne Frank eine zentrale Rolle. Er initiierte die Veröffentlichung von Annes Tagebuchaufzeichnungen und setzte sich erfolgreich dafür ein, dass sie durch Übersetzungen und Adaptionen weltweit bekannt wurden. Dass das Haus an der Prinsengracht 263 mit dem Hinterhausversteck, in dem Anne Frank den größten Teil ihres Tagebuchs geschrieben hat, 1960 der Öffentlichkeit zugänglich wurde, trug zu dieser Bekanntheit bei. Gleichzeitig versuchte Otto Frank, der Bedeutung, die ihr Leben und Werk in seiner Vorstellung haben sollten, eine Richtung zu geben. Bis zu seinem Tod im Jahr 1980 widmete er sein Leben der Erinnerung an seine Tochter.

Dieses Buch schildert auf dem neuesten Forschungsstand, was über Anne Franks Leben und Werk sowie ihr Andenken bekannt ist. Offene Fragen werfen bis heute die Umstände der Verhaftung auf. Diesem Thema widmet sich ein eigenes Kapitel. Anne Franks Tagebucheinträge und ihre anderen Texte stehen im Mittelpunkt der Erinnerung an sie. Zwei Kapitel beleuchten dieses kleine, komplexe Œuvre und zeichnen nach, wie die Veröffentlichung des Tagebuchs nach Otto Franks Rückkehr aus Auschwitz zustande kam. Das Schlusskapitel und der Epilog beschäftigen sich mit der Bedeutung ihres Lebens und Werks für die Erinnerung an den Holocaust sowie als Inspirationsquelle für eine individuelle Sinngebung.

Bas von Benda-Beckmann, Gertjan Broek und Menno Metselaar zeichnen für Teile des Textes verantwortlich und haben das gesamte Manuskript kritisch gelesen. Letzteres gilt auch für Eugenie Martens, die das Entstehen des Manuskripts koordiniert und redaktionell begleitet hat. Für ihre Beiträge zu diesem Buch bin ich ihnen sehr dankbar.

Amsterdam, im Mai 2022   *Ronald Leopold*

1. Frankfurt am Main, 1929–1933

Die Familie

Das kurze Leben der Annelies Marie Frank begann am 12. Juni 1929 in Deutschland, in Frankfurt am Main. In den ersten Jahren lebte Anne mit ihren Eltern Otto und Edith und ihrer drei Jahre älteren Schwester Margot in einer geräumigen Wohnung am Marbachweg im Norden der Stadt. Beide Eltern kamen aus dem Milieu des liberalen Judentums. Annes Vater Otto Frank war 1889 geboren worden und in einer wohlhabenden Bankiersfamilie aufgewachsen. Seine Eltern wohnten im vornehmen Frankfurter Westend, einem Stadtteil, in dem etwa zwanzig Prozent der Bevölkerung Juden waren. Frankfurt hatte nach Berlin die größte jüdische Gemeinde Deutschlands. 1930 lebten dort ungefähr 31 000 Juden, die rund sechs Prozent der 540 000 Einwohner ausmachten.

Religion und jüdische Traditionen waren im Leben der Familie Frank nicht besonders präsent. Die Familie, in der Otto zusammen mit seinen Brüdern Robert und Herbert und seiner Schwester Helene («Leni») aufwuchs, beging jüdische Feiertage, aber auch das christliche Weihnachtsfest. Die Jungen feierten keine Bar Mizwa, und Otto besuchte auch nicht das Philanthropin, eine angesehene liberale jüdische Schule in Frankfurt, sondern wie sein Bruder Robert das öffentliche Lessing-Gymnasium. Die Franks fühlten sich jedoch der jüdischen Gemeinschaft zugehörig, und ihr religiöser Hintergrund spielte sicherlich auch innerhalb der Familie eine Rolle. Im Lessing-Gymnasium erhielten alle Schüler Religionsunterricht in ihrer Konfession. Otto Frank nahm am jüdischen Religionsunterricht des führenden Reformrabbiners der Frankfurter Hauptsynagoge, Caesar Seligmann, teil, der auch ein guter Freund seines Vaters war. Ansonsten aber fühlte sich Otto Frank in erster Linie als Deutscher. Er identifizierte sich mit dem deutschen Bürgertum und legte großen Wert auf deutsche Musik und deutsche Literatur, auch später bei der Erziehung seiner Töchter. In Interviews nach dem Krieg betonte er, dass die deutsche Identität vor der Machtübernahme der Nationalsozialisten wichtig für ihn gewesen sei: «Sonst wäre ich ja sicher nicht im Ersten Weltkrieg deutscher Offizier geworden und hätte für Deutschland gekämpft.»

Nach dem Abitur studierte Otto Frank ein Semester Kunstgeschichte in Heidelberg, darauf folgte eine Lehrzeit im Bankhaus Ferdinand Sander, und danach arbeitete er ein halbes Jahr lang als Volontär im Bankhaus L. M. Prince und im Warenhaus Macy's in New York. Das Volontariat bei Macy's hatte sich durch seine Freundschaft mit Nathan Straus Jr. ergeben, dem Sohn des Eigentümers von Macy's, der wie er in Heidelberg studiert hatte und den er 1941 noch um Hilfe bitten würde bei seinem Versuch, in die Vereinigten Staaten zu emigrieren. Im Mai 1925 heiratete Otto Frank Edith Holländer aus Aachen. Kennengelernt hatte sich das Paar drei Jahre zuvor auf der Verlobung von Ottos Bruder Herbert, der 1922 eine Freundin Ediths aus Aachen geheiratet hatte. Die Familie von Anne Franks Mutter Edith war nicht orthodox jüdisch, doch erheblich religiöser und traditioneller als Ottos Familie. Ediths Vater und ihre Brüder Walter und Julius gehörten dem Synagogenvorstand an, die Familie besuchte jede Woche das Gebetshaus. Sie begingen den Schabbat und die jüdischen Feiertage und hielten sich an die jüdischen Speisegesetze.

Bei der Trauung wurden die jüdischen Traditionen gewürdigt. Der achtundsiebzigjährige liberale Rabbiner Heinrich Jaulus aus Aachen, der auch Ediths Religionslehrer in der Oberschule gewesen war, segnete das Paar und hielt eine Ansprache. Edith gab nach der Hochzeit zwar einige jüdische Traditionen und Bräuche auf, darunter das koschere Essen, besuchte aber weiterhin jede Woche die Synagoge.

Nach der Hochzeitsfeier in Aachen und einer Hochzeitsreise nach San Remo zogen Otto und Edith in die große Villa von Alice Frank, Ottos Mutter, im Frankfurter Westend. In Frankfurt führten Otto und Edith Frank anfangs ein komfortables Leben und gehörten zur wohlhabenden Mittelschicht. Otto war seit 1919 in der Leitung des von seinem Vater gegründeten und nach ihm benannten Bankhauses Michael Frank tätig. Außerdem leitete er ab 1927 die Sodener Mineralprodukte Gesellschaft, ein Unternehmen, das die Mineralquellen von Bad Soden nutzte und mit Hustenpastillen handelte. Auch diese Firma war längere Zeit im Besitz seines Vaters gewesen.

1926 wurde ihre erste Tochter Margot Betti geboren. Ein Jahr später zog die junge Familie in eine Doppelhaushälfte am Marbachweg 307 im heutigen Stadtteil Dornbusch um. Das am Stadtrand gelegene Neubauviertel war wesentlich weniger nobel als das Westend. Zudem gab es hier keine nennenswerte jüdische Gemeinschaft und nur wenige Unternehmer. Das Viertel war heterogen: Hier wohnten Katholiken, Protestanten und einige Juden, oft Angehörige der unteren Mittelschicht wie Beamte und Lehrer.

Die Familie Frank lebte sich schnell in der neuen Umgebung ein und freundete sich mit den beiden katholischen Familien Naumann und Stab an. Die Familie Naumann war eine Lehrerfamilie, die im Nachbarhaus wohnte. Ihre Tochter Gertrud, die neun Jahre älter war als Margot Frank, hütete oft Margot und die 1929 geborene Anne. Gertrud korrespondierte später, nach der Emigration der Familie Frank in die Niederlande, regelmäßig mit Edith Frank und blieb ihr Leben lang eng mit Otto Frank befreundet. Auch zu den Nachbarn im Obergeschoss der anderen Haushälfte, der Familie Stab, hatten die Franks ein gutes Verhältnis. Margot spielte oft mit den älteren Nachbarstöchtern Hilde und Marianne. Hilde erinnerte sich, dass sie bei ihr zu Hause «Kirche» spielten und Margot dann als «Messdiener» auftrat. 1931 zog die Familie Frank in eine kleinere und günstigere Fünfzimmerwohnung im Erdgeschoss einer Villa an der Ganghoferstraße im sogenannten Dichterviertel um, doch die Freundschaft mit den alten Nachbarn blieb bestehen.

Anne und Margot wuchsen in einem warmherzigen familiären Klima auf. In Interviews nach dem Krieg erinnerten sich ihre Freundinnen an Edith als eine etwas zurückhaltende, aber sanfte und freundliche Frau. Otto war ein engagierter Vater, der gern mit seinen Kindern spielte, ihnen vorlas und Geschichten

Otto mit Margot und Anne,
August 1931

erzählte. Vor allem zu Anne, erklärte er später, hatte er von Anfang an eine sehr intensive Beziehung. Ihr Vater und andere Familienmitglieder beschreiben Anne als ein fröhliches, lebhaftes Mädchen, wesentlich quirliger und kecker als ihre ältere Schwester Margot. In einem Interview nach dem Krieg betonte auch Kati Steger, die ehemalige Haushaltshilfe der Franks, den Unterschied zwischen den beiden Schwestern: «Margot war die Prinzessin. Sie war akkurat und nahm sich in acht, und wenn es nicht wegen der Wäsche gewesen wäre, so hätte sie ihre Kleidchen gut und gerne eine Woche lang tragen können (…) Doch die Anne war das gerade Gegenteil von Margot. Man mußte sie jeden Tag umziehen, mitunter zweimal am Tage.» Kati erinnerte sich, dass Anne an einem regnerischen Tag fröhlich mitten in einer Pfütze auf dem Balkon saß. Auch als Kati mit ihr schimpfte, machte sie keine Anstalten, aufzustehen. Sie war erst dazu bereit, als Kati versprach, ihr eine Geschichte zu erzählen. Ihr Vater Otto Frank beschrieb Anne später als «einen kleinen, eigenwilligen Rebellen». Von den Problemen und Sorgen, mit denen ihre Eltern und Verwandten konfrontiert waren, bekam Anne als kleines Mädchen nichts mit.

Eine doppelte Krise

Anne Franks Geburtsjahr 1929 sollte ein wichtiger Wende-punkt in der deutschen Geschichte werden. Als Folge des Bör-senkrachs an der Wall Street und verstärkt durch die noch immer fortwirkenden wirtschaftlichen Strafmaßnahmen des Versailler Vertrags geriet Deutschland Ende 1929 in eine schwere Wirtschaftskrise. Eine desaströse Geldpolitik führte zu massiver Inflation, die Ersparnisse von Millionen Deutschen lösten sich in kurzer Zeit in nichts auf. Zwischen 1929 und 1932 verlor jeder dritte Deutsche seinen Arbeitsplatz, Beamte mussten eine starke Kürzung ihrer Bezüge hinnehmen, ein Un-ternehmen nach dem anderen ging in Konkurs. Auch das Leben der Familie Frank wurde durch die wirtschaftliche Misere stark beeinflusst.

Das durch den Börsenkrach von 1929 schwer getroffene Bankhaus Michael Frank befand sich 1932 am Rande des finan-ziellen Abgrunds. Dem Hustenpastillen-Unternehmen in Bad Soden erging es nicht anders. Am 2. April 1932 schrieb Otto Frank in einem Brief an seine Schwester und seinen Schwager in der Schweiz, Leni und Erich Elias, er sei kaum noch in der Lage, die täglichen Kosten aufzubringen. «Das Geschäft ist schlecht, man sieht nicht wohin alles noch gehen soll», lautete seine düs-tere Schlussfolgerung. Kurz darauf, im selben Monat, wurde Ottos Bruder Herbert Frank, Direktor des Familienunter-nehmens, wegen Handels mit Wertpapieren aus dem Ausland festgenommen. Solche Geschäfte waren seit 1931 verboten. Herbert Frank hatte beim Kauf von Aktien deutscher Firmen offenbar nicht bemerkt, dass diese im Ausland ausgegeben wor-den waren.

Nach seiner Entlassung aus der Untersuchungshaft am 14. Mai legte er seinen Direktorenposten nieder und ging nach Frankreich. Das Gerichtsverfahren im Oktober, dem er aus Angst vor einer Verurteilung fernblieb, wurde schnell einge-stellt. Wer der Steuerfahndung den Hinweis auf verbotenen Ef-fektenhandel im Bankhaus Frank gegeben hatte, blieb unge-klärt. Durch die negative Berichterstattung in den deutschen

Zeitungen blieb jedoch ein Makel am Bankhaus und der Familie Frank haften.

Otto Frank war über den Gang der Dinge zutiefst besorgt. In einem Brief an seine Mutter Alice schrieb er, er wolle die Firma so lange wie möglich erhalten und versuchen, eine Konkursanmeldung zu vermeiden, doch er denke auch bereits über andere grundlegende Entscheidungen nach: «Mein Pessimismus u. die Sorgen der letzten Monate waren begründet genug. Ich will Dir gegenüber aber doch noch die Frage aufwerfen, ob es überhaupt ratsam ist, den Haushalt in der Mertonstr. auf die Dauer zu erhalten. Ich meine dies vom wirtschaftlichen *und* politischen Gesichtspunkt.»

Der Brief zeigt treffend, wie eng die finanzielle und die politische Bedrohung in Otto Franks Wahrnehmung miteinander verwoben waren. In der ohnehin bereits schweren politischen und wirtschaftlichen Krise bedeutete die Schädigung seines Rufs einen letzten Tropfen, der das Fass zum Überlaufen brachte. Der Konkurs schien unabwendbar. Wie Herbert dachten auch Otto und seine anderen Verwandten bereits intensiv über andere Möglichkeiten der Existenzsicherung nach. So schrieb er im selben Brief: «Wohin wir alle noch verschlagen werden, wissen wir nicht, aber die Hauptsache ist schliesslich, dass wir gesund bleiben u. dass Du ein Auskommen hast. Wir jüngeren Menschen können uns leichter abfinden. Den Tatsachen muss man ins Gesicht sehen u. endlich einmal klare Bahn schaffen.»

Deutschland war in den frühen dreißiger Jahren politisch tief gespalten. Die demokratischen und religiös toleranten Parteien wie die katholische Zentrumspartei, die sozialdemokratische SPD und die liberale DDP bildeten inzwischen eine Minderheit, während auf der linken und rechten Seite die kommunistische KPD und Hitlers NSDAP stark wuchsen. Zwischen 1929 und 1932 entwickelte sich die NSDAP zur stärksten politischen Partei.

Insbesondere die Lage der Juden wurde in der zerrissenen Weimarer Republik immer schwieriger. Die NSDAP und andere nationalistische Parteien machten sie für unterschiedlichste Entwicklungen verantwortlich, für die Niederlage im Ersten Weltkrieg, die wirtschaftliche und politische Krise, den Kapitalismus und den Sozialismus. Otto und Edith Frank spürten die Bedrohung durch die politische Radikalisierung eines großen Teils der deutschen Bevölkerung und das immer extremere antisemitische Klima. In einem Gespräch erzählte Otto Frank nach 1945, dass die bedrohliche Atmosphäre in Deutschland bei ihm und seiner Frau Edith den Gedanken an eine Emigration aufkommen ließ: «Ich erinnere mich schon 1932, dass SA-Gruppen vorbeigezogen sind und gesungen haben ‹Wenn's Judenblut vom Messer spritzt›. Also das war schon sehr deutlich sichtbar. Und ich habe gleich mit meiner Frau besprochen: ‹Wie können wir wegkommen?›, aber es ist ja schließlich die Frage: Wie kann man seinen Lebensunterhalt verdienen, wenn man wieder weggeht und alles mehr oder weniger aufgibt?»

Frankfurt am Main war schon länger im Visier der Nationalsozialisten, die mit Aufmärschen die große jüdische Gemeinschaft der Stadt einschüchtern wollten. Parteiideologe Julius Streicher hatte das als weltoffen geltende Frankfurt bereits im Mai 1923 als «Stadt der Juden und Demokraten» bezeichnet. Als Hitler am 30. Januar 1933 zum Reichskanzler ernannt wurde, gingen die Nazis sofort daran, ihre politischen Gegner auszuschalten und Juden vom öffentlichen Leben auszuschließen.

Otto Frank erinnerte sich später, dass der Kontakt zu nichtjüdischen Nachbarn und Bekannten Anfang der dreißiger Jahre stark abnahm. Als die Familie Frank im Winter 1933/34 in die Niederlande emigrierte, war nur noch ein kleiner Freundeskreis übrig. Bis auf wenige Ausnahmen wie die Familie Naumann ließen ihre nichtjüdischen Freunde und Bekannten Edith und Otto Frank immer öfter im Stich. Die ständig wachsende Bedrohung führte dazu, dass Emigration für das Ehepaar Frank zu einer realen Option wurde. Erschrocken mussten sie feststellen, dass nichtjüdische Freunde ihre Abscheu und die Sorgen über die politische Entwicklung nicht teilten: «Am 30. Januar waren wir zufällig bei Bekannten eingeladen. Wir saßen am Tisch und hörten Radio. Da kam zuerst die Nachricht, daß Hitler Reichskanzler geworden sei. Danach kam ein Bericht von dem Fackelzug der SA in Berlin, und wir hörten das Schreien und Jubeln, und Hindenburg stehe am Fenster und winke, sagte der Sprecher. Am Ende hat Hitler geredet: Gebt mir vier Jahre Zeit … Der Bekannte, bei dem wir eingeladen waren, sagte aufgeräumt: Laßt uns doch einmal sehen, was der Mann kann! Ich wußte keine Antwort, und meine Frau war wie erstarrt.»

Der Entschluss, Deutschland zu verlassen

Welche gravierenden Folgen Hitlers Ernennung zum Reichskanzler für die Lage und Sicherheit der «Juden und Demokraten» hatte, zeigte sich schnell. Es wurden neue Reichstagswahlen für den 5. März 1933 angesetzt. Wenige Tage vor dem Wahltermin, in der Nacht vom 27. auf den 28. Februar, ging das Reichstagsgebäude in Flammen auf. Der junge niederländische Kommunist Marinus van der Lubbe wurde zum Schuldigen erklärt und 1934 enthauptet. Unter dem Eindruck des Reichstagsbrandes erzielte die NSDAP bei den Reichstagswahlen einen bedeutenden Sieg, auf den am 23. März die Verabschiedung des Ermächtigungsgesetzes folgte, das die Befugnisse des Parlaments einschränkte und die Exekutivgewalt vollständig in die Hände Hitlers und seiner Partei legte.

In Frankfurt wurde die Stadtverwaltung von den Nationalsozialisten übernommen. Der liberale Oberbürgermeister Ludwig Landmann trat am 11. März 1933 nach Bedrohungen von seinem Amt zurück und floh nach Berlin, um seiner Verhaftung zu entgehen. Zwei Stadtverordnete und der sozialdemokratische Bürgermeister, die in Frankfurt geblieben waren, wurden zwei Tage später festgenommen. Am 13. März stürmte die SA das Rathaus, hisste die Hakenkreuzfahne und verkündete, dass Landmann durch den nationalsozialistischen Juristen und Richter Friedrich Krebs ersetzt würde. Dass nicht nur «Demokraten», sondern auch Juden nicht mehr sicher waren, machte die SA deutlich, indem sie noch am selben Nachmittag an verschiedenen Orten in der Stadt die Eingänge zu Läden und Kaufhäusern jüdischer Inhaber blockierte und das Verkaufspersonal und die Kunden einschüchterte. In den folgenden Tagen nahm die

Bedrohung weiter zu. Auf einer großen Kundgebung vor dem
Schauspielhaus am 21. März richtete der neu ernannte Polizei-
präsident von Frankfurt, der ehemalige Generalmajor Reinhard
von Westrem zum Gutacker, drohende Worte an die jüdischen
Bürger Frankfurts: «Frankfurt soll deutsch werden (...) Ihr Juden braucht nicht zu zittern. Wir bleiben legal. So legal, dass es
euch vor so viel Legalität noch unbehaglich wird.»

Die legalisierten antijüdischen Maßnahmen ließen nicht lange
auf sich warten. Am 28. März 1933 wurde eine Verordnung
über die Entlassung aller jüdischen Angestellten veröffentlicht,
gefolgt von einer zweiten Verfügung, jüdische Lehrer vom Schul-
dienst zu suspendieren. Mehrere Menschen aus dem direkten
Umfeld der Familie Frank waren davon betroffen: der Direktor
von Margots früherer Schule, der Ludwig-Richter-Schule,
musste gehen, ebenso eine ihrer ehemaligen Lehrerinnen. Es
wurde auch dazu aufgerufen, Juden so weit wie möglich den
Zutritt zu Universitäten zu verweigern sowie jüdische Kinos
und Anwaltskanzleien zu boykottieren. Am 1. April folgte ein
allgemeiner Boykott aller jüdischen Geschäfte, Arztpraxen und
Anwaltskanzleien. Um zehn Uhr vormittags zogen Männer in
SA- und SS-Uniformen mit Listen jüdischer Geschäfte durch die
Stadt. In den Universitätsgebäuden griffen Mitglieder des Nationalsozialistischen Deutschen Studentenbundes linke und jüdische Studenten an und nahmen ihnen ihre Ausweise ab. Die
SA besetzte auch das Gewerkschaftshaus, und im Funkhaus
hinderte sie jüdische Mitarbeiter daran, an ihre Arbeitsplätze zu
gelangen.

Am 7. April 1933 erließ die Hitler-Regierung das «Gesetz zur
Wiederherstellung des Berufsbeamtentums». Der sogenannte
«Arierparagraph» verfügte, dass alle «nicht arischen» Beamten – mit wenigen Ausnahmen etwa für «Frontkämpfer» des
Ersten Weltkriegs – entlassen oder in den vorzeitigen Ruhestand
versetzt werden. In Frankfurt, wo der erste Schub von Entlas-
sungen bereits am 28. März stattgefunden hatte, waren noch
einmal neunzig Menschen im kommunalen Dienst betroffen,
zum Beispiel an höheren Schulen und im Hochschulbereich. In
den folgenden Monaten kamen immer neue Verordnungen

hinzu. Am 25. April trat das «Gesetz gegen die Überfüllung deutscher Schulen und Hochschulen» in Kraft, das eine Höchstgrenze für die Anzahl jüdischer Schüler und Studenten festlegte. An vielen Schulen führte das dazu, dass jüdische Schüler separat sitzen mussten. Am 10. Mai 1933 beluden nationalsozialistische Studenten, Dozenten und Professoren im Hauptgebäude der Johann-Wolfgang-Goethe-Universität ein sonst zum Transport von Mist genutztes Fuhrwerk mit Büchern jüdischer und linker Schriftsteller. Der von zwei Ochsen gezogene Karren rollte in einem Umzug zum Römerberg in der Innenstadt, wo sich fünfzehntausend Menschen versammelt hatten. Eine Blaskapelle der SS spielte Chopins Trauermarsch, während der Karren mit den Büchern zu einem Scheiterhaufen gefahren wurde. Dort verkündete der Hochschulpfarrer Otto Fricke der Menge, endlich werde der «undeutsche Geist» aus den deutschen Universitäten vertrieben. Bücher von Marx, Lenin, Stefan Zweig, Heinrich Mann und vielen anderen landeten im Feuer.

Im Frühjahr 1933 fassten Otto und Edith Frank den Entschluss, nach Amsterdam zu gehen. Ihnen war klar geworden, dass die Lebensverhältnisse für Juden in Deutschland äußerst unsicher geworden waren. Doch der Gedanke an eine Auswanderung lag schon seit Längerem in der Luft, denn es gab auch praktische und finanzielle Gründe, Deutschland zu verlassen. Otto Frank hatte schon seit einiger Zeit mit finanziellen Schwierigkeiten zu kämpfen und sah sich seit dem Frühjahr 1932 nach alternativen Erwerbsmöglichkeiten um. Bereits im Dezember 1932 hatte er den Mietvertrag «aus wirtschaftlichen Gründen» gekündigt, sodass die Familie ihre Wohnung zum 25. März 1933 ohnehin hätte räumen müssen.

1933 verließen zahlreiche Juden Deutschland. Das galt auch für Otto Franks Familie. Nach seinem Bruder Herbert, der bereits 1932 nach seiner Entlassung aus der Untersuchungshaft nach Paris gegangen war, kamen auch Ottos Mutter Alice, seine Schwester Leni mit ihrer Familie und sein anderer Bruder Robert zu dem Schluss, dass es für sie in Frankfurt keine sichere Zukunft gab. Robert Frank und seine Frau gingen Mitte 1933 nach London. Alice Frank zog im Herbst 1933 in die Schweiz.

Edith, Margot und Anne kurz vor der Emigration in die Niederlande vor der Frankfurter Hauptwache, 10. März 1933

Leni Frank lebte mit ihren beiden Kindern bereits seit 1930 in Basel, wohin sie ihrem Mann Erich Elias gefolgt war, der sich 1929 dort niedergelassen hatte, um sich eine neue Existenz aufzubauen.

Dass sich Otto und Edith Frank für die Niederlande entschieden, lag an einem Vorschlag, den Ottos Schwager Erich Elias kurz zuvor unterbreitet hatte. Elias leitete seit dem Sommer 1929 die Schweizer Niederlassung von Opekta, einer Tochtergesellschaft der Frankfurter Pomosin-Werke. Das Unternehmen handelte mit Pektin, einem Geliermittel für Konfitüre. Otto Frank hatte bereits zuvor geschäftliche Erfahrungen in den Niederlanden gesammelt: 1923 hatte er das Bankhaus Michael Frank & Zonen (Michael Frank und Söhne) als niederländische Filiale seines Familienbetriebs in Amsterdam ins Handelsregister eintragen lassen, so wie es viele deutsche Banken während der Finanzkrise machten. Diese Niederlassung war damals nach der finanziellen Stabilisierung relativ schnell wieder aufgegeben worden, doch immerhin kannte er das Geschäftsklima im Land bereits ein wenig, sprach etwas Niederländisch und hatte Kontakte im Land.

Als der Eigentümer von «Pomosin-Import», der niederländische Vertreter der Pomosin-Werke, das Marktsegment für Privathaushalte abstoßen wollte, ergriff Otto Frank seine Chance. Durch die Vermittlung seines Schwagers Erich Elias, der ihm auch den notwendigen Kredit gewährte, einigte man sich auf eine Franchise-Lösung. Otto erwarb die Markenrechte an Opekta und gründete ein neues, unabhängiges Unternehmen in Amsterdam. Zur Vereinbarung gehörte, dass er sich auf Privatkunden beschränken und den industriellen Markt Pomosin überlassen würde. Außerdem zahlte er eine jährliche Lizenzgebühr an das Frankfurter Mutterunternehmen.

Die zweite Hälfte des Jahres 1933 stand für die Franks ganz im Zeichen ihres Umzuges in die Niederlande. Otto war seit Juli fast ununterbrochen in Amsterdam, während die Mädchen meist bei ihrer Großmutter in Aachen wohnten und Edith ständig zwischen den drei Städten unterwegs war.

Am 16. August 1933 meldete sich Otto Frank offiziell in Amsterdam an, zuerst an der Stadionkade im Süden der Stadt, wo er zur Untermiete wohnte. Von dort aus startete er seine Firma Opekta. Edith zog unterdessen mit den Kindern zu ihrer Mutter nach Aachen, wo Margot noch einige Wochen die Jüdische Volksschule besuchte. Von Aachen aus fuhr Edith im Herbst 1933 mehrmals nach Amsterdam, um Otto bei den Vorbereitungen zum endgültigen Umzug zu helfen. Ein paar Monate später bezog die Familie eine Wohnung am Merwedeplein 37 in der zweiten Etage. Margot kam zu Weihnachten aus Aachen nach, da sie nach den Weihnachtsferien in Amsterdam zur Schule gehen sollte, während Anne noch für ein paar Wochen bei ihrer Großmutter blieb. Um Margots Geburtstag im Februar 1934 herum kam auch Anne in die Niederlande. In ihrem Tagebuch schrieb sie später, sie sei «als Geburtstagsgeschenk» für ihre ältere Schwester auf den Tisch gesetzt worden.

2. Kinderjahre in Amsterdam, 1934–1940

Ein neues Leben

Nach einem anstrengenden und sorgenvollen Jahr, in dem Hitler an die Macht gekommen war und Otto, Edith und die Kinder monatelang voneinander getrennt waren, brach im Februar 1934 eine neue Zeit an. Die Familie war wieder vereint, hatte eine schöne Wohnung am Merwedeplein bezogen und konnte damit beginnen, sich ein neues Leben in den Niederlanden aufzubauen. Der Merwedeplein lag in einem Neubaugebiet, der Rivierenbuurt (Flussviertel) im Süden Amsterdams, wo viele jüdische Einwanderer und Flüchtlinge aus Deutschland eine Bleibe gefunden hatten.

Schnell normalisierte sich das Leben wieder. Schon bald nach der Ankunft in Amsterdam besuchte Margot die Grundschule in der nahe gelegenen Jekerstraat. Sie war fast acht und kam in die zweite Klasse. Im Juli schrieb Edith Frank an Gertrud Naumann, dass Margot in der Schule gut mitkomme und bereits recht gut Niederländisch spreche. Sie fand schnell neue Freundinnen. Erst waren das vor allem jüdische Mädchen, die ebenfalls vor Kurzem aus Deutschland nach Amsterdam gekommen waren, später auch mehrere niederländische und nichtjüdische Kinder. Nach etwa fünf Wochen erhielt sie schon ihr erstes Zeugnis.

Die vierjährige Anne ging ab April in die Vorschulgruppe der *Zesde Montessorischool* (Sechste Montessorischule), wo sie die gesamte Grundschulzeit blieb. Warum Otto und Edith Frank sich für diese Schule entschieden hatten, während Margot eine öffentliche Grundschule besuchte, ist nicht ganz deutlich. Otto äußerte später einmal, diese Form des anschaulichen Unterrichts habe gut zu Anne gepasst. Auch eher praktische Erwägungen spielten vielleicht eine Rolle. In Margots Schule gab es keine Vorschulklasse, und ein Kind der mit Otto und Edith Frank befreundeten Familie Hofhuis besuchte ebenfalls die Montessori-schule.

Auf jeden Fall lebte Anne sich schnell ein. Im August 1935 wechselte sie in die erste Klasse, in der sie eine durchschnittliche Schülerin war und viele Freundschaften schloss. Anne war sehr gesellig und übernahm gern die Führung. In einem ihrer vielen Briefe an Gertrud Naumann schrieb Edith schon nach wenigen Wochen, dass Anne sehr gern zur Schule gehe. Dort lernte Anne im September auch Hannah Goslar und Sanne Ledermann kennen, und die drei wurden Freundinnen. Die Mädchen trafen sich auch nach der Schule und spielten oft zusammen auf dem Merwedeplein. Das Trio hieß in der Nachbarschaft Anne, Sanne und Hanne. Auf den ersten Blick hatten die Kinder in ihrer neuen Umgebung eine unbekümmerte Zeit. Hannah, von ihrer Familie und ihren Freunden Hanneli genannt, war die Tochter von Hans Goslar, der bis 1932 Ministerialrat im Preußischen Staatsministerium gewesen war. Wie die Franks war er 1933 mit seiner Familie in die Niederlande emigriert. Zusammen mit dem Rechtsanwalt Franz Ledermann, dem Vater von Annes anderer Freundin Sanne, der ebenfalls aus Berlin kam, vertrat er Unternehmen, die im Mandatsgebiet Palästina Investitionen tätigten.

Mit dem Umzug nach Amsterdam waren die Sorgen der Familie Frank noch nicht vorbei. Die Integration in die niederländische Gesellschaft, geschäftliche Startschwierigkeiten und die Entwicklungen im Deutschen Reich beschäftigten Otto und Edith ständig. Die hohe Arbeitsbelastung machte Otto zu schaffen. Edith und er machten sich zudem Sorgen um die fragile Gesundheit ihrer Tochter Anne, die öfter über längere Zeit krank war. Kurz nach den Sommerferien 1934 schrieb Edith Frank an die ehemalige Nachbarstochter in Frankfurt, dass Anne wegen ihrer angeschlagenen Gesundheit eine Weile nicht zur Schule gehen könne: «… in den Ferien war ich mit den Kindern am Meer, da Anne noch nicht ganz erholt war, kam sie nun noch in ein kleines Kinderheim und fehlt noch 3 Wochen in der Schule. Margot ist gross, dunkelbraun und kräftig und lernt mit grosser Freude. Herr Frank spannt gar nicht aus u. sieht schmal u. müde aus.» Ottos Abgespanntheit und Annes Gesundheit waren wiederkehrende Themen in dem Briefwechsel mit Gertrud Naumann. So schrieb Edith am 8. November 1937, dass sie Anne, die inzwischen acht war, mittags zu Hause behalte, damit sie schlafen könne, «was ihr so gut tut; sie ist sehr vergnügt u. artig aber zart u. nervös». Trotz der Sorgen um ihre Gesundheit wuchs Anne in Amsterdam zu einem lebhaften und eigensinnigen Mädchen heran: «Gott weiß alles, aber Anne weiß alles besser», spottete Hannah Goslars Mutter manchmal liebevoll über Annes Selbstbewusstsein.

Die Familie Frank war nicht die einzige deutsch-jüdische Familie im Viertel. Der südliche Teil Amsterdams entwickelte sich im Laufe der dreißiger Jahre zum wichtigsten Zentrum deutsch-jüdischer Flüchtlinge in den Niederlanden. Zwischen 1933 und 1939 verließen Tausende Menschen Deutschland, um im Flussviertel und angrenzenden Stadtteilen ein neues Zuhause zu finden. Obwohl die Mieten in diesem Neubauviertel relativ hoch waren, zog die große Mehrheit der jüdischen Flüchtlinge hierher. Ende der dreißiger Jahre waren etwa dreißig Prozent der Bewohner des Viertels bei einer jüdischen Gemeinde gemeldet, 1941 wohnten hier gut siebzig Prozent der aus Deutschland in die Niederlande geflohenen Juden.

Es entwickelte sich eine lebendige Emigrantengemeinschaft mit verschiedenen kulturellen und sozialen Einrichtungen und formellen wie informellen Netzwerken. Deutsche Juden halfen sich gegenseitig bei der Arbeitssuche, einer Firmengründung oder bei weiteren Emigrationsplänen für Großbritannien oder die USA. Es gab neue Lokale wie die Eisdiele «Koco» an der Rijnstraat, die 1936 eröffnet wurde und später eine Filiale an der Van Woustraat bekam, das Eiscafé und Restaurant «Oase» in der Geleenstraat und das Restaurant «Delphi» am Daniel Willinkplein (heute Victorieplein), die 1940 bzw. 1936 von deutschen Emigranten eröffnet wurden. Edith und Otto Frank besuchten Hauskonzerte bei befreundeten Schicksalsgefährten und liehen Bücher in einer deutschen Bibliothek im Viertel aus. Besonders herzliche Kontakte unterhielten sie zu den Familien Goslar und Ledermann, deren Töchter mit Anne befreundet waren.

In der deutsch-jüdischen Migrantengemeinschaft, in der sich die Familie Frank in Amsterdam bewegte, spielte die Liberale Jüdische Gemeinde eine wichtige Rolle. Das liberale Judentum erhielt durch die Flüchtlinge einen starken Impuls. Während niederländische Juden überwiegend orthodox waren, gab es in Deutschland eine starke liberal-jüdische Tradition, in der auch Otto und Edith Frank aufgewachsen waren. 1934 bekam Amsterdam mit dem Deutschen Ludwig Mehler zum ersten Mal einen liberalen Rabbiner, der mit Unterstützung der jüdischen Flüchtlinge, darunter auch Otto und Edith Frank, die Liberale Jüdische Gemeinde in Amsterdam aufbaute. Nachdem die Gemeinde vorübergehend Räume im *Muzieklyceum*, einer neu gegründeten freien Musikschule, nutzen konnte, fand Mehler im Mai 1937 mit der Einweihung der Synagoge in einem Nebengebäude des Theosophischen Zentrums an der Tolstraat endlich einen festen Ort.

Mehler leitete den Gottesdienst auf Deutsch und später auch auf Niederländisch, anders als die orthodoxen Rabbiner, die Hebräisch sprachen. Ein weiteres Kennzeichen liberaler Gemeinden war, dass Männer und Frauen in der Synagoge nicht getrennt saßen. Die orthodoxe jüdische Gemeinde war über die Ausbreitung des liberalen Judentums in den Niederlanden nicht erfreut und übte in Zeitschriften wie dem *Nieuw Israëlietisch Weekblad* (Neues israelitisches Wochenblatt) heftige Kritik an Rabbiner Mehler und dem liberalen Judentum. Mehler war in seiner Gemeinde sehr beliebt und ließ sich von den Widerständen, auf die er in der orthodoxen Gemeinschaft stieß, nicht beirren. Mit großer Energie hielt er Vorträge, organisierte Feste rund um die jüdischen Feiertage, erteilte Kindern Religionsunterricht und gründete einen zionistischen Jugendclub, in dem auch Margot Frank Mitglied wurde.

Der junge Rabbiner spielte damit eine wichtige Rolle im Leben der Familie Frank, denn auch Otto, obwohl er nicht besonders religiös war und selten in die Synagoge ging, setzte sich in Amsterdam nachdrücklich für die liberale Gemeinde ein. Anne hatte wie ihr Vater wenig Interesse am Glaubensleben. Ihre Mutter Edith und ihre Schwester Margot hingegen waren wesentlich religiöser und besuchten regelmäßig die Gottesdienste in der Synagoge. Margot und Anne nahmen auch an Jugendaktivitäten teil und besuchten den Religionsunterricht bei Mehler.

Die Familie Frank war in Amsterdam in dieser dynamischen, überwiegend deutschen Migrantengemeinschaft fest verwurzelt. Zugleich waren Otto und Edith Frank und ihre Kinder aber auch bemüht, sich so schnell wie möglich in den Niederlanden zu integrieren. Anne und Margot fiel es leicht, sich anzupassen. In der Montessorischule und in der Jekerschule lernten sie schon bald Kinder verschiedener Nationalitäten und Religionen kennen und schlossen ohne viele Probleme neue Freundschaften. Sie spielten Kinderspiele wie Verstecken und Murmel und beherrschten schnell die niederländische Sprache.

Für Edith war es schwieriger, sich in die neuen Umstände einzufinden. Otto arbeitete in seinen Firmen hauptsächlich mit Niederländern zusammen, und Anne und Margot gingen zur Schule. Sie dagegen war mehr sich selbst überlassen und fand hauptsächlich Anschluss bei anderen deutschen Emigranten. Gegen Ende 1937 schrieb sie an eine Freundin, sie komme im Alltag «nur mit Deutschen zusammen».

Niederländisch zu erlernen fiel Edith Frank schwerer als dem Rest der Familie. Obwohl auch sie die Sprache nach einiger Zeit gut beherrschte, behielt sie einen starken Akzent. Noch im September 1942 kommentierte Anne in ihrem Tagebuch die Sprachfertigkeit ihrer Mutter (und Auguste van Pels') ziemlich abschätzig: «Behalte bitte im Hinterkopf, Kitty, dass die beiden Damen hier ein erbärmliches Niederländisch sprechen (über die Herren wage ich nichts zu sagen, die wären sehr beleidigt), wenn Du die Stümperei einmal hören könntest, würdest Du schallend lachen; wir achten schon gar nicht mehr darauf, Verbessern ist ohnehin zwecklos. Wenn ich über Mutter oder Mevrouw van Pels schreibe, werde ich das Kauderwelsch nicht im Originalton wiedergeben, sondern in anständigem Niederländisch.» (*Tagebuch B*, 2. September 1942) Bezeichnend für die «Niederlandisierung» der Familie Frank war, dass Anne Briefe an ihre Großmutter ab 1938 auf Niederländisch schrieb und von ihrem Vater ins Deutsche übersetzen ließ. Auch ihr Tagebuch schrieb sie auf Niederländisch.

Die Familie Frank baute sich zugleich einen niederländischen Freundes- und Bekanntenkreis auf. Sie freundete sich zum Beispiel mit der weiter oben erwähnten Familie von Joop Hofhuis an, einem Schwager von Frans van Angeren, von dem Otto Frank 1933 das Recht an der Marke Opekta übernommen hatte. Die neuen Freunde und Bekannten halfen der Familie, sich in den Niederlanden zurechtzufinden. Auch nachdem die Familie Hofhuis 1935 Amsterdam verlassen hatte, blieb der herzliche Kontakt bestehen.

Die Firmen Opekta und Pectacon

Otto Franks Firma Opekta verschaffte ihm Verbindungen in die niederländische Gesellschaft und sorgte für Einnahmen. Schon seit dem Sommer 1933 war Otto Frank mit dem Aufbau seiner Nederlandsche Opekta Maatschappij beschäftigt. Als solventer Unternehmer mit gültigen Papieren konnte er sich problemlos im Land niederlassen. In Amsterdam übernahm er die laufenden Geschäfte von seinem Vorgänger, dem Utrechter Konditor und Gastronom Frans van Angeren, der sich vom Opekta-Handel trennen und auf seine Haupttätigkeiten konzentrieren wollte. Otto Frank stellte auch van Angerens Mitarbeiter Victor Kugler ein, der eine wichtige Kraft bei Opekta wurde. Nach drei Monaten erweiterte er das Personal um Miep (Hermine) Santrouschitz, seit ihrer Heirat 1941 Miep Gies, und Henk van Beusekom. Jahrelang bildeten sie den Kern der neuen Firma.

Nach kurzer Zeit fand das Unternehmen ein neues Domizil am Singel in der Amsterdamer Innenstadt. Die Geschäftsbeziehungen mit van Angeren hatten sich dabei als sehr nützlich erwiesen; in dem Haus hatte zuvor van Angerens Schwager gewohnt, der bereits erwähnte Joop Hofhuis. Am Singel erlebte Opekta ein stetiges Wachstum. Die Firma betrieb intensives Marketing. Eine Vertreterin reiste durchs Land und führte auf Werbeveranstaltungen für Hausfrauenverbände vor, wie das Geliermittel von Opekta bei der Herstellung von Marmeladen und Gelees verwendet wurde. Die Firma warb zudem mit Anzeigen in zahlreichen landesweiten, regionalen und lokalen Zeitungen. Schon bald war es eine bekannte Marke.

Trotz der Reputation bot das Unternehmen jedoch keine solide Existenzgrundlage. Der Handel mit Pektin war stark saisonabhängig; im Sommer herrschte Hochbetrieb, doch wenn das Obst im Herbst zu Konfitüre verarbeitet worden war, schwand die Nachfrage nach Opekta und der Umsatz brach ein. Um über die Runden zu kommen, suchte Otto nach einer weiteren Einnahmequelle und sah Möglichkeiten jenseits der Nordsee. 1937 schrieb Edith Frank an ihre deutsche Freundin Hedda Eisenstaedt: «Otto ist meist verreist und arbeitet intensiv an einer englischen Sache: *ob* die gelingt ist unsicher; leider sind wir geschäftlich nicht sehr zufrieden und müssen etwas dazu bekommen, vielleicht ziehen auch wir weiter.» Auf der Basis seiner Amsterdamer Opekta-Niederlassung visierte Otto ein gleichartiges Unternehmen in der Nähe von Bristol an. Diese Firma befand sich seit einiger Zeit in Liquidation, und Otto versuchte, einen «Neustart» zu erreichen.

Er hielt sich in jenem Jahr mehrmals für längere Zeit in Großbritannien auf und führte zahlreiche ausführliche Gespräche mit möglichen Geschäftspartnern und dem Konkursverwalter des Unternehmens in Bristol. Schließlich verlief der Plan jedoch im Sande. Nach dem Scheitern der «englischen Sache» tat sich in den Niederlanden eine andere vielversprechende Möglichkeit auf. 1938 übernahm Otto Frank die Anteile an Pectacon von Johannes Kleiman, der die Firma kurz zuvor gegründet hatte. Pectacon war ein Handelsunternehmen für Gewürze und andere Zutaten für die Lebensmittelindustrie, insbesondere für die Fleischverarbeitung. Pectacon erbrachte also, anders als Opekta, das ganze Jahr hindurch Einnahmen. Zudem war der Gesamtumsatz dieser Firma erheblich höher.

Johannes Kleiman und Otto Frank kannten einander bereits seit etwa fünfzehn Jahren. Sie hatten sich kennengelernt, als Otto Frank in den Jahren 1923 und 1924 eine niederländische Filiale seines Bankhauses gegründet hatte. Johannes Kleiman hatte seitdem geschäftliche Kontakte mit Otto und dessen Verwandten unterhalten. Die anderen Familienmitglieder lernten ihn nun auch kennen. Über Pectacon kam Otto Frank außerdem in Kontakt mit Hermann van Pels und dessen Familie, die sich später mit den Franks das Versteck im Hinterhaus des Firmengebäudes an der Prinsengracht teilten. Hermann und Auguste van Pels und ihr Sohn Peter waren im Sommer 1937 aus Osnabrück in die Niederlande gekommen. Hermann van Pels besaß die niederländische Staatsbürgerschaft und war deshalb von den zunehmend strikteren Einreisebeschränkungen für jüdische Flüchtlinge aus Deutschland nicht betroffen. Er hatte viel Erfahrung in der Lebensmittelindustrie, da er früher in Hamburg eine Import-Export-Firma für Kolonialwaren geleitet hatte. Pectacon stellte ihn als Experten für Kräuter und Gewürze für die Fleischwarenindustrie ein. Die Familien van Pels und Frank, die im selben Viertel wohnten, freundeten sich bald auch privat an.

Dunkle Wolken

Mit dem Erwerb von Pectacon stabilisierte sich die finanzielle Situation der Familie Frank Ende der dreißiger Jahre. Doch die politischen Entwicklungen bereiteten Annes Eltern weiterhin große Sorgen. Die Niederlande hielten zwar an ihrer Neutralitätspolitik fest, konnten sich aber nicht von den Geschehnissen im übrigen Europa abschotten. Die politischen und sozialen Spannungen nahmen auch hier zu. Hinzu kam Hitlers aggressive Außenpolitik: die Remilitarisierung des Rheinlands 1936, die Aufrüstung sowie 1938 der «Anschluss» Österreichs und die Annexion des Sudetengebiets. «Europa sitzt auf einem Pulverfass», schrieb Otto Frank Anfang 1936 an Nathan Straus Jr. in den Vereinigten Staaten und fügte hinzu, dass ihn der auch in den Niederlanden zunehmende Antisemitismus beunruhige.

Otto und Edith Frank pflegten weiterhin enge Beziehungen zu Verwandten und Freunden in Deutschland. Ottos Verwandte hatten das Land verlassen, doch Ediths Mutter und ihre Brüder wohnten noch immer in Aachen, ebenso wie viele Freunde und

Geschäftspartner. Von ihnen erfuhren Otto und Edith von der
Gewalt und der immer aggressiveren Verfolgung von Juden in
ihrer Heimat. Vieles konnten sie aber auch mit eigenen Augen
sehen. Otto, Edith, Margot und Anne Frank reisten bis 1938
mehrmals nach Deutschland und in die Schweiz, um ihre Verwandten zu besuchen. Im Sommer 1935 nahm Ottos Mutter
nach einem Besuch in Amsterdam Anne mit in die Schweiz, und
1936 war Anne erneut dort, diesmal mit Edith und Margot.
Anne und Margot waren auch oft für eine Weile bei ihrer Großmutter in Aachen und verbrachten dort regelmäßig die Weihnachtsferien.

In dieser überwiegend katholischen Stadt nahe der niederländischen Grenze waren die Auswirkungen der nationalsozialistischen Diktatur deutlich spürbar. So war ein Freund von Annes
Onkel Julius Holländer im Juni 1933 wochenlang ohne jeden
Anlass in «Schutzhaft» genommen worden. Der Metallhandel
von Walter und Julius Holländer geriet aufgrund des antijüdischen Boykotts zunehmend in finanzielle Schwierigkeiten. Der
Nazi-Terror beeinträchtigte auch das Alltagsleben von Annes
Verwandten. Es kam regelmäßig vor, dass sich SA-Männer vor
der Aachener Synagoge postierten und Besucher, die den Schabbat begehen wollten, am Zutritt hinderten. Schwimmbäder und
andere öffentliche Einrichtungen waren bereits verbotenes Terrain für die Juden in Aachen.

1938 hörten die Verwandtenbesuche der Familie Frank auf.
In jenem Jahr erreichte die antijüdische Gewalt in Deutschland
einen neuen Höhepunkt. In der Nacht vom 9. auf den 10. November 1938 und an den darauffolgenden Tagen fand das Novemberpogrom statt, eine von den Nazis landesweit koordi-
nierte Terroraktion. Gruppen von Nationalsozialisten steckten
Synagogen in Brand, zerstörten jüdische Geschäfte und traten
die Türen von Wohnhäusern ein. Viele Juden wurden misshan-
delt und etwa 1300 bis 1500 ermordet, wenn man auch die in
unmittelbarer Folge der Pogrome in Konzentrationslagern zu
Tode gequälten oder in den Selbstmord getriebenen Juden mit-
zählt. Unter den mehr als dreißigtausend Juden, die im November verhaftet wurden, befanden sich auch die beiden Onkel von

Anne Frank, Walter und Julius Holländer. Julius, der das «Verwundetenabzeichen» aus seiner Militärzeit im Ersten Weltkrieg bei sich trug, wurde aus diesem Grund kurz nach der Festnahme wieder freigelassen, Walter jedoch war drei Wochen im Konzentrationslager Sachsenhausen eingesperrt. Er kam erst wieder frei, als er, mit Otto Franks Hilfe, eine Aufnahmezusage für das Flüchtlingslager Zeeburg in Amsterdam erhielt. Dort wartete er die Bearbeitung seines Visumantrags für die USA ab. Beide Brüder konnten 1939 im Abstand von einigen Monaten über die Niederlande in die USA emigrieren.

Im selben Jahr zog Annes Großmutter Rosa Holländer-Stern bei der Familie Frank am Merwedeplein ein. Otto und Edith Frank hatten bereits im September 1938 beim niederländischen Justizministerium beantragt, sie in die Niederlande holen zu dürfen. Der Antrag war zunächst abgelehnt worden, aber kurz nach dem Novemberpogrom erhielt sie dann doch eine Aufenthaltserlaubnis. Sie wartete, bis ihre Söhne Julius und Walter außer Gefahr waren, und machte sich im März 1939 auf den Weg zur Familie ihrer Tochter in Amsterdam. Mit ihrer Ankunft wurde es noch voller in der Wohnung. Neben der vierköpfigen Familie wohnte bereits seit dem Frühjahr 1938 ein Untermieter bei den Franks.

Annes Großmutter hatte Glück. Sie war eine von siebentausend Flüchtlingen, die die niederländische Regierung aufgrund des Pogroms zusätzlich ins Land ließ; eine vielfache Zahl von Menschen bemühte sich nach der Terrornacht vom 9. auf den 10. November vergeblich, ins Nachbarland einreisen zu dürfen. Wem es auch gelang, die Niederlande zu erreichen, war der Zahnarzt Fritz Pfeffer, der im Herbst 1942 als Letzter zu den Untergetauchten im Hinterhaus stieß. Fritz Pfeffer hatte das Novemberpogrom aus nächster Nähe miterlebt, da auch die Synagoge in der Passauer Straße in Berlin, unweit seiner Wohnung, zerstört wurde. Er war im Dezember 1938 aus Berlin geflohen und bei Oldenzaal in die Niederlande eingereist. Eigentlich erfüllte er nicht die strengen Kriterien für eine Einreise, doch die Grenzbeamten akzeptierten seine Erklärung, er wolle nur zu einem Besuch ins Land. Anschließend meldete er sich bei der Amsterdamer Fremdenpolizei, die notierte: «Ist geflüchtet. Sorgt selbst für sich. Will nach Australien.»

Pfeffer war geschieden und hatte inzwischen eine neue Partnerin, die nichtjüdische Charlotte Kaletta. Werner, seinen Sohn aus der Ehe, hatte er kurz vor der Flucht mit einem Kindertransport nach Großbritannien geschickt. Mit Charlotte Kaletta hatte er vereinbart, dass sie getrennt nach Amsterdam gehen würden, um sich dort eine neue Existenz aufzubauen. Wie viele seiner Schicksalsgefährten kam Pfeffer mit einiger Mühe in den Niederlanden zurecht und fand wie von allein den Weg in das Flussviertel. Da die niederländische Flüchtlingspolitik Immigranten vielerlei Einschränkungen auferlegte, um eine «Verdrängung» einheimischer Arbeitnehmer zu verhindern, durfte er seinen Beruf nicht ausüben. Er lebte von seinen Rücklagen und arbeitete schwarz. Eine offizielle Heirat mit Charlotte Kaletta war auch nicht möglich, da mehrere europäische Länder, darunter die Niederlande und das Deutsche Reich, um 1900 einen Vertrag über die Anerkennung der Ehegesetze eines anderen Landes für dessen im Ausland lebende Bürger geschlossen hatten. Daraus ergaben sich schmerzliche Konsequenzen, als die deutschen Gesetze ab September 1935 Eheschließungen zwischen Juden und Nichtjuden verboten.

Für Anne und ihre Familie waren die späten dreißiger Jahre eine beunruhigende und aufreibende Zeit, aber das Alltagsleben ging dennoch weiter. Im September 1938 wechselte Margot auf die Oberschule und besuchte nun das *Gemeentelijk Lyceum voor Meisjes*, ein Mädchengymnasium im schickeren Teil von Amsterdam-Süd. Otto und Edith Frank schmiedeten unterdessen konkrete Pläne, Europa zu verlassen. Die Familie bemühte sich um ein Einreisevisum für die Vereinigten Staaten. Wegen der erschreckenden Ereignisse, nicht zuletzt im November, war der Ansturm auf die begrenzte Zahl von Visa riesig. Die Wartezeit würde viel zu lang sein, um dem nahenden Unheil zu entrinnen.

Im Juni 1939 wurde Anne zehn. Obwohl die Bedrohung seit Jahren zunahm, wusste noch niemand, dass es ihr letzter Geburtstag in Friedenszeiten sein würde. Knapp zweieinhalb

Monate später begann das neue Schuljahr, und Anne kam in die fünfte Klasse. Zur gleichen Zeit begann mit dem deutschen Angriff auf Polen am 1. September der Zweite Weltkrieg. Vier Tage zuvor hatte die niederländische Regierung die Mobilmachung angeordnet.

Der Krieg im Osten hatte im Westen zunächst keine unmittelbaren Folgen. Er steigerte allerdings die Angst und Unsicherheit, und es herrschte große Furcht vor Spionen. Überall wurden Geheimsignale und verdächtige Aktivitäten möglicher deutscher Agenten gesichtet. Zahlreiche Menschen, die in der Nähe von strategischen Objekten mehr oder weniger harmlos Fotos knipsten, wurden wegen Spionage festgenommen. Nicht immer war dabei die überspannte Fantasie der Ermittlungsbehörden am Werk. Im November 1939 führten Aktionen britischer und deutscher Geheimdienste an der Grenze bei Venlo zu einem Schusswechsel mit Todesopfern.

Großes Aufsehen erregte etwa zur gleichen Zeit ein Versuch, verschiedene Arten niederländischer Uniformen ins Deutsche Reich zu schmuggeln. Nachrichtendienste hatten Wind davon bekommen, und sogar ein Amsterdamer Polizeiinspektor, der seit Längerem nationalsozialistischer Sympathien verdächtigt wurde, war offenbar in die Sache verwickelt. In der Bevölkerung bestärkte diese Entdeckung die Vorstellung von einer geheimnisvollen und verräterischen «Fünften Kolonne».

Die strikte Wahrung der Neutralität war für die Niederlande kein Hindernis für Vorsorgemaßnahmen. Die Regierung ordnete an, dass Schulkinder Namensschilder tragen mussten. Sollte der Krieg die Niederlande erreichen, musste mit der Bombardierung von Städten gerechnet werden und mit wenig Rücksicht auf Schulen und Krankenhäuser. Was für Erwachsene Anlass zu großer Sorge war, bezogen die Kinder in ihr tägliches Spiel ein. Amsterdamer Schulkinder gruben «Schutzkeller» und machten die Geräusche der Luftschutzsirenen nach. Auch der Wortschatz erweiterte sich – schon kleine Kinder kannten Begriffe wie Fliegeralarm, Bomber, Flakgeschütz, Flüchtling und Evakuierung.

Annes Eltern hofften trotz ihrer geringen Chancen auch 1940 weiterhin auf Visa. Am 10. Mai dieses Jahres wachten viele Niederländer frühmorgens mit der Nachricht vom deutschen Angriff auf. Die Hoffnung, das Land könnte wie im Ersten Weltkrieg neutral bleiben, hatte sich damit zerschlagen.

3. Die Niederlande unter deutscher Besatzung, 1940–1942

Die deutsche Invasion

In der Nacht vom 9. auf den 10. Mai 1940 wurden die Amsterdamer vom Dröhnen der Flugzeuge geweckt, die über die Stadt flogen. Schon bald folgten die ersten Explosionen; die Flugzeuge warfen ihre Bomben auf den Flughafen Schiphol ab. Bereits nach wenigen Tagen zeigte sich, dass die niederländische Armee der deutschen Übermacht nicht gewachsen war. Die Königsfamilie und die Regierung flohen nach London. Nachdem deutsche Bomber das Stadtzentrum von Rotterdam am 14. Mai dem Erdboden gleichgemacht hatten, kapitulierte die niederländische Armeeführung. Die Niederlande waren nun ein besetztes Land.

Anders als andere besetzte Länder bekamen die Niederlande keine Militär-, sondern eine Zivilregierung, denn das Deutsche Reich hoffte, die niederländische Bevölkerung für den Nationalsozialismus gewinnen zu können. Höchster Funktionsträger war der Österreicher Arthur Seyß-Inquart; Hitler ernannte ihn zum «Reichskommissar für die besetzten niederländischen Gebiete». Neben Seyß-Inquart, der seit 1938 Mitglied der SS war, wurden auch andere SS-Männer in hohen Positionen eingesetzt. Damit kam eine radikal antisemitische Regierung an die Macht.

Der deutsche Überfall löste – vor allem unter den jüdischen Anwohnern Amsterdams – Panik aus. Das galt noch mehr für jene Menschen, die aus Deutschland geflohen waren und Ausgrenzung und Verfolgung kennengelernt hatten. Tausende versuchten um jeden Preis, über den Hafen von IJmuiden nach Großbritannien zu fliehen. Nur einige Hundert schafften es. Wieder andere waren so verzweifelt, dass sie sich das Leben nahmen. In den Niederlanden wurden in diesen Maitagen mehr als zweihundert Suizide registriert, die meisten davon in Amsterdam.

Otto und Edith Frank machten sich große Sorgen um die Sicherheit ihrer Familie, versuchten jedoch, diese Gefühle vor ihren Töchtern so weit wie möglich zu verbergen. Margot und Anne gingen nach einigen Tagen wieder zur Schule, und Otto Frank nahm die Arbeit in der Firma wieder auf. Am 12. Juni wurde Anne elf Jahre alt, doch ihr Geburtstag wurde nicht gefeiert.

Zunächst schlugen die deutschen Besatzer einen versöhnlichen Tonfall an; in seiner Antrittsrede sagte Seyß-Inquart unter anderem: «Wir kommen nicht hierher, um ein Volkstum zu bedrängen und zu zerstören und um einem Lande die Freiheit zu nehmen. (...) Wir wollen dieses Land und seine Leute weder imperialistisch bedrängen, noch ihnen unsere politische Überzeugung aufdrängen». Das Wort «Juden» wurde in dieser ersten Rede nicht ausgesprochen, aber allen war klar, dass Juden nicht zu diesem «Volkstum» gehörten. «Das deutsche Volk ficht unter seinem Führer den Entscheidungskampf um Sein oder Nichtsein aus, den ihm der Haß und Neid seiner Feinde aufgezwungen hat. Dieser Kampf gebietet dem deutschen Volk, alle seine Kräfte einzusetzen, und gibt ihm das Recht, alle ihm erreichbaren Mittel heranzuholen.»

Im Laufe der Besatzungszeit wurden mehr als hundert antijüdische Gesetze und Verordnungen erlassen. So gab die Besatzungsmacht Ende Oktober 1940 bekannt, dass jüdische Geschäftsleute ihre Unternehmen bei der Wirtschaftsprüfstelle anmelden mussten. Diese Behörde war aus der Wirtschaftsabteilung des deutschen Generalkonsulats in Amsterdam hervorgegangen und gehörte zum Generalkommissariat für Finanz und Wirtschaft. Später war die Wirtschaftsprüfstelle für die «Arisierung» des niederländischen Wirtschaftslebens zuständig, das heißt für die Enteignung jüdischer Unternehmen, und die Registrierung war der erste Schritt.

Registrierung, Ausgrenzung und Verfolgung

Otto und Edith Frank hatten die Entwicklungen in Deutschland seit Jahren genau verfolgt, und so war ihnen bewusst, dass sie wahrscheinlich alles verlieren würden. In enger Absprache mit Johannes Kleiman, Victor Kugler und Jan Gies gelang es Otto, seine Firmen – Opekta und Pectacon – vor dem Zugriff der Nazis zu schützen, indem er sich als Direktor und Inhaber zurückzog.

Im Dezember 1940 zog die Firma vom Singel 400 an die Prinsengracht 263. Das gemietete Gebäude bot bedeutend mehr Büro- und Lagerräume und hatte, wie viele Grachtenhäuser in Amsterdam, ein Hinterhaus. Im März 1941 kam das endgültige Aus für jüdische Unternehmen. Juden durften keine Firmen mehr besitzen. In vielen Fällen setzte die Wirtschaftsprüfstelle einen nichtjüdischen Treuhänder ein. Diese Treuhänder übernahmen alle Befugnisse der jüdischen Besitzer und veräußerten viele Firmen im Auftrag der Wirtschaftsprüfstelle.

Anfang 1941 verpflichteten die Besatzer alle Juden, sich registrieren zu lassen. Eine Person galt als «jüdisch», wenn mindestens ein Großelternteil jüdisch war. Wer sich nicht registrieren ließ, machte sich strafbar. Auch Otto und Edith Frank blieb keine Wahl.

In Amsterdam kam es immer häufiger zu Straßenkämpfen zwischen Juden und Mitgliedern der niederländischen nationalsozialistischen Partei NSB *(Nationaal-Socialistische Beweging)*, oft ausgelöst durch Provokationen Letzterer. Bei einer dieser Schlägereien wurde Hendrik Koot, Mitglied der WA *(Weerbaarheidsafdeling)*, der Wehrabteilung der NSB, verletzt und starb am 14. Februar an seinen Verwundungen. Nachdem am 19. Februar ein deutscher Polizist in der Filiale der jüdischen Eisdiele «Koco» an der Van Woustraat verletzt worden war, als sich dort ein jüdisches Rollkommando mit der Ordnungspolizei geprügelt und die Polizisten mit Ammoniakgas besprüht hatte, griffen die Besatzer hart durch. Als Vergeltungsmaßnahme wurden – völlig willkürlich – 389 jüdische Männer während der ersten Razzia in Amsterdam am 22. und 23. Februar festgenommen.

Daraufhin rief die illegale *Communistische Partij Nederland* (CPN) zu einem Streik auf, der am 25. Februar in Amsterdam begann und sich auf andere Städte wie Haarlem, Zaandam und Utrecht ausweitete. Tausende Arbeitnehmer legten die Arbeit nieder, Amsterdamer Straßenbahnen blieben im Depot. Am zweiten Tag schlugen die Besatzer den Streik mit brutaler Gewalt nieder. Neun Streikende wurden erschossen und vierundzwanzig schwer verletzt. Zahlreiche Menschen wurden verhaftet, andere verloren ihre Arbeitsstelle oder mussten eine Geldstrafe zahlen.

Seyß-Inquarts Tonfall gegenüber den Juden in den Niederlanden und den Menschen, die ihnen halfen, wurde nach dem Streik scharf und unversöhnlich. Am 12. März 1941 sagte er in einer Rede: «Die Juden werden von uns nicht als ein Bestandteil des niederländischen Volkes angesehen. (…) Die Juden sind für uns nicht Niederländer. Sie sind jene Feinde, mit denen wir weder zu einem Waffenstillstand noch zu einem Frieden kommen können. (…) Erwarten Sie von mir keine Verordnung, die dies festsetzt, außer Regelungen polizeilicher Natur. Wir werden die Juden schlagen, wo wir sie treffen, und wer mit ihnen geht, hat die Folgen zu tragen.»

Die meisten der 389 Männer wurden in das Konzentrationslager Mauthausen bei Linz gebracht. Neueste Forschungen haben ergeben, dass mindestens 108 von ihnen im Herbst 1941 in der Tötungsanstalt Hartheim durch Vergasen ermordet wurden. Andere starben durch die schwere Zwangsarbeit und die katastrophalen Umstände an Erschöpfung und Krankheiten. Nur zwei der Männer überlebten die Gefangenschaft.

Eine zweite Razzia in Amsterdam fand am 11. Juni 1941 statt, einen Tag vor Annes zwölftem Geburtstag. Mehr als dreihundert jüdische Männer wurden festgenommen, hauptsächlich in Amsterdam-Süd, wo die Familie Frank wohnte. Die meisten der Verhafteten hatten sich in dem zionistischen *Werkdorp* Wieringermeer auf ihre Auswanderung nach Palästina vorbereitet, bis dieses Ende März 1941 geschlossen wurde. Als

Grund für die Razzia nannte Willy Lages, Befehlshaber der Außenstelle der Sicherheitspolizei (SiPo) und des Sicherheitsdienstes (SD) für Nord-Holland und Utrecht, einen Sprengstoffanschlag des Widerstands auf eine Dienststelle der Wehrmacht in Amsterdam-Süd. Unter den verhafteten jüdischen Männern waren auch Bekannte und Freunde von Otto und Edith Frank. Die Razzia war ein dramatisches Ereignis für das Viertel, da die Gefahr plötzlich sehr nahe rückte, insbesondere für jüdische Männer. Für Otto Frank war das ein Grund, bei drohender Gefahr die Nacht an einem anderen Ort zu verbringen, ein erster Schritt zum späteren Untertauchen.

Anne schrieb später, auch ihr zwölfter Geburtstag sei nicht gefeiert worden, da Großmutter Holländer operiert werden musste. Zweifellos spielte das eine Rolle, doch wahrscheinlich auch der Schock der Razzia am Vortag. In jeder Hinsicht herrschte, wie im Juni 1940, keine Feststimmung bei der Familie Frank. Im Juli 1941 erhielten die ersten Familien, deren Angehörige bei der Razzia verhaftet und verschleppt worden waren, die Nachricht, dass ihr Mann, Vater, Sohn oder Bruder im KZ Mauthausen gestorben sei. «Mauthausen» bekam durch diese Todesnachrichten einen düsteren Klang und wurde in den besetzten Niederlanden zu einem Synonym für den Tod.

Das Jahr 1941 stand für Otto und Edith Frank im Zeichen eines letzten Versuchs, in die Vereinigten Staaten zu emigrieren. Die Lage in den besetzten Niederlanden war zu bedrohlich geworden. Sie baten Julius und Walter Holländer, Annes Onkel, sowie Nathan Straus Jr., Ottos alten Studienfreund, um Hilfe. Zuvor hatten sie das Angebot einer Verwandten in Großbritannien, Margot und Anne aufzunehmen, ausgeschlagen. Sie wollten nicht von ihren Kindern getrennt sein.

Otto und Edith versuchten, ihre Kinder so gut wie möglich zu beschützen. In seinen *Erinnerungen an Anne*, einem Text, den Otto Frank 1968 verfasste, schreibt er: «Wenn ich an die Zeit zurückdenke, in der durch die Besatzungsmacht in Holland viele Verordnungen erlassen wurden, die das Leben für uns sehr erschwerten, so muss ich sagen, dass meine Frau und ich alles

Die Familie 1941: Margot, Otto, Anne und Edith Frank

taten, um die Kinder unsere Sorgen so wenig wie möglich merken zu lassen, so dass diese noch eine ziemlich unbeschwerte Zeit hatten.» Trotzdem werden Anne und Margot zweifellos vieles gehört und mitbekommen haben.

Die Besatzer erließen in raschem Tempo Gesetze und Verordnungen, um die Juden in den besetzten Niederlanden immer weiter zu isolieren. Die erste antijüdische Verordnung, die Anne und Margot unmittelbar betraf, trat im Sommer 1941 in Kraft. Jüdische Kinder mussten in separate Schulen gehen. In Amsterdam gab es bereits jüdische Schulen, so wie auch evangelische und katholische, doch sie reichten nicht aus, um alle jüdischen

Anne (Zweite von links) in Beekbergen, Juni 1941

Schüler aufzunehmen. Neue Schulen mussten gegründet werden. Otto und Edith entschieden sich für das *Joods Lyceum*, eine der neuen Schulen.

Wegen der Schulneugründungen waren die Sommerferien im Jahr 1941 für viele jüdische Kinder länger als sonst. In diesem Sommer machte Anne ihre letzte Ferienreise. Ende Juni 1941 verbrachte sie zwei Wochen mit der Familie Ledermann in einer Pension in Beekbergen. Anne und Sanne spielten viel mit dem kleinen Ray, dem Sohn der Familie Kaempfer, die die Pension führte und dort auch wohnte. In Briefen an ihre Eltern und an Großmutter Frank in Basel erzählte Anne, dass sie wegen des schlechten Wetters wieder Tischtennis spielen und viel lesen würde. Sie habe alle Bücher bis auf eines ausgelesen, nicht nur ihre eigenen, sondern auch die Bücher, die Sanne mitgenommen habe. Anne hoffte sehnlich, dass ihr Vater vorbeikommen würde, doch zu einem Besuch ist es wahrscheinlich nicht gekommen.

Im September fuhr Anne dann aber zusammen mit ihrem Va-

ter für ein paar Tage in die Gegend von Arnheim, wo sie im Ho-
tel Groot Warnsborn wohnten. Anne war begeistert. Auf eine
Ansichtskarte des Hotels, die sie an ihre Großmutter in Basel
schickte, schrieb sie: «Hier wohnen wir! Ist es nicht wunder-
schön! Mitten im Wald.» Otto Frank fügte hinzu, dass Anne
problemlos ein paar Tage schulfrei bekommen hatte und dass er
selbst «wieder etwas Ruhe» haben wolle. Mehr als begreiflich
angesichts all dessen, was in der ersten Jahreshälfte 1941 geschehen war.

Ab 15. September beschränkten die Besatzer die Bewegungsfreiheit der Juden in den besetzten Niederlanden noch
mehr. Landesweit wurden zahlreiche Orte wie Parks, Biblio-
theken, Kinos, Schwimmbäder und Strände als «Für Juden
verboten» gekennzeichnet. Juden durften auch nicht mehr
Mitglied von Sportvereinen sein oder in der Öffentlichkeit
Sport treiben.

Manche Einschränkungen, wie das Verbot des Besuchs von
Schwimmbädern und Kinos, waren in einigen Städten, darunter
Amsterdam, Monate zuvor eingeführt worden. Im Juni 1941
schrieb Anne an ihre Großmutter: «Ich habe kaum Gelegenheit,
braun zu werden, weil wir nicht ins Schwimmbad dürfen, das
ist sehr schade, aber nicht zu ändern.»

Die Verordnungen bedeuteten auch ein Ende für Annes und
Margots Lieblingssportarten. Margot musste wie auch ihre
jüdische Trainerin ihre Mitgliedschaft in einem Ruderclub auf-
geben. Aus Solidarität beschlossen die anderen Mitglieder des
Teams, ebenfalls mit dem Rudern aufzuhören. Für Anne bedeutete es das Ende ihres Eislaufunterrichts und des Traums, zusammen mit ihrem Cousin Bernd, einem talentierten Eiskunst-
läufer, aufzutreten.

Am 15. Oktober 1941 öffnete das *Joods Lyceum* seine Türen,
und Margot und Anne radelten zum ersten Mal gemeinsam zur
Schule. Anne gefiel es dort schon bald sehr gut, trotz der vielen
Hausaufgaben und der Jungen. An Großmutter Frank schrieb
sie in einem Brief vom April 1942: «Im Lyzeum ist es sonst ganz
nett, wir sind zu 12 Mädchen und 18 Jungs in der Klasse. Am
Anfang hatten wir viel Umgang mit den Jungs, aber das kühlt

Schulfoto von Margot Frank im *Joods Lyceum*, Dezember 1941

jetzt doch wieder etwas ab, zum Glück, denn sie werden echt lästig.» In diesem Brief berichtete Anne auch, dass die Katze Moortje schon seit einem halben Jahr zum Haushalt gehöre und dass sie sie furchtbar gern habe.

Anne und Margot waren gezwungen gewesen, sich von ihren nichtjüdischen Mitschülern zu verabschieden. Für Anne war es ein Glück im Unglück, dass Hannah Goslar, ihre Freundin aus der Montessorischule, in ihre Klasse kam. Sie fand auch neue Freundinnen wie Jacqueline van Maarsen. Sanne Ledermann besuchte eine andere Oberschule, doch Anne und sie hatten weiterhin viel Kontakt.

Für Margot war der Wechsel nicht ganz so leicht. Hetty Last, eine Mitschülerin Margots im Mädchengymnasium, erinnerte sich, dass Margot mehrmals mit ihrem Fahrrad vor der alten Schule stand und auf den Unterrichtsschluss wartete. «Ich glaube, sie hat ihre alte Schule und ihre nichtjüdischen Freundinnen sehr vermisst.»

Mit dem Ende des Jahres 1941 zerschlug sich für Otto und Edith Frank endgültig die Hoffnung, in die Vereinigten Staaten fliehen zu können. Ihre Bemühungen waren in der amerikanischen Bürokratie versandet, und der japanische Angriff auf Pearl Harbor und damit der Kriegseintritt der USA machten weitere Versuche unmöglich.

Schulfoto von Anne Frank in der Montessorischule, 1940

Ein Versteck und zunehmende Sorgen

Das Jahr 1942 begann traurig für die Familie Frank. Am 29. Januar 1942 starb Großmutter Holländer, die seit März 1939 bei ihnen am Merwedeplein gewohnt hatte. Sie war schon seit einiger Zeit schwer krank gewesen, und die Operation im Juni 1941 hatte nicht die erhoffte Besserung gebracht. Anne fehlte die Großmutter sehr, die ihr zufolge häufig den Familienfrieden bewahrt hatte, und sie dachte auch später in der Zeit im Hinterhaus noch oft an sie. Ende 1943 schrieb sie: «Wie treu und gut war Oma immer, keinen von uns hätte sie jemals im Stich gelassen, egal, was war, so ungezogen ich auch war, Oma hat mich immer in Schutz genommen.» (*Tagebuch A*, 29. Dezember 1943)

Rosa Holländer-Stern wurde auf dem Friedhof der Liberalen Jüdischen Gemeinde in Hoofddorp bestattet. In einer Anzeige im *Joodsche Weekblad* bedankten sich Otto und Edith Frank herzlich für die zahlreichen Beileidsbekundungen. Um einige Monate verzögert erschien auch im amerikanischen *Aufbau* – einer deutsch-jüdischen Exilzeitung in New York – eine Todesanzeige im Auftrag von Walter und Julius Holländer, in der auch Otto und Edith Frank als Angehörige aufgeführt waren.

Wie und wann bei den Franks der Gedanke unterzutauchen konkrete Gestalt annahm, ist nicht bekannt. Untertauchen mit der schwer kranken Rosa Holländer-Stern wäre schwierig gewesen, deshalb wird es vermutlich im Frühjahr 1942 gewesen sein. Es war Ottos Mitarbeiter Johannes Kleiman, der das Hinterhaus des Firmengebäudes Prinsengracht 263 als mögliches Versteck zur Sprache brachte. Damals wurde es nur als Lagerraum und Labor genutzt. Victor Kugler experimentierte dort mit Opekta, Gewürzen und Chemikalien. Auch er wurde in das Vorhaben eingeweiht.

Otto Frank kam zu dem Schluss, das Hinterhaus könne Raum für mehr Menschen bieten, und entschied von Anfang an, seinen jüdischen Mitarbeiter Hermann van Pels ins Vertrauen zu ziehen. Hermann van Pels, dessen Frau Auguste und der fünfzehnjährige Sohn Peter könnten ebenfalls dort untertauchen, falls es so weit kommen sollte. Zusammen mit Johannes Kleiman und dessen Bruder Willy bereitete Otto Frank im Frühjahr 1942 das Hinterhaus als mögliches Versteck vor. Möbel, Lebensmittel und alles, was sie wahrscheinlich sonst noch benötigen würden, wurden heimlich ins Haus geschafft. Angeblich zur «Reparatur» wurden Sachen erst zu Kleimans Wohnung gebracht und von da aus in einem sicheren Moment zur Prinsengracht 263. Anders ging es nicht, denn seit dem 7. November 1941 war es Juden verboten, umzuziehen. Ein Transport von Möbeln und Hausrat hätte Argwohn erregen können.

Neben ein paar Veränderungen im Hauptgebäude musste das Hinterhaus selbst etwas umgestaltet werden. Es gab zwar eine Toilette, aber kein Bad. Durch Verlegen eines Waschbeckens wurde wenigstens ein Waschraum geschaffen. Gas, Wasser und Elektrizität waren bereits vorhanden. Die Untergetauchten würden über zwei Etagen mit einem Dachboden und einem Spitzboden verfügen.

Wann Otto Frank auch Miep Gies und Bep Voskuijl, seine beiden anderen nichtjüdischen Büroangestellten, informierte und um Hilfe bat, ist unklar. Es ist jedoch sicher, dass er ohne weiteres auf ihre Hilfe zählen konnte. Miep Gies berichtete später darüber: «Er [Otto Frank] rief mich übers Telefon zu sich: ‹Miep, komm mal kurz.› Ich ging in sein Zimmer. Er sagte: ‹Nimm Platz. Ich muss dir etwas sehr Wichtiges sagen. Wir haben vor, hier unterzutauchen, in diesem Haus. Bist du bereit, uns dabei zu helfen, uns mit Lebensmitteln zu versorgen usw.?› Ich sagte: ‹Ja, selbstverständlich.›»

Nach allen Gesetzen und Verboten kam im Frühjahr 1942 für die Juden in den besetzten Niederlanden eine neue Auflage hinzu. Alle Niederländer ab dem Alter von vierzehn Jahren waren bereits seit Mitte 1941 dazu verpflichtet, einen Ausweis bei sich zu tragen. In die Ausweise von Juden war ein schwarzes «J» gestempelt. Ab dem 3. Mai 1942 mussten alle Juden ab dem Alter von sechs Jahren außerdem einen gelben Stern mit dem Wort «Jood» (Jude) an der Kleidung tragen.

Juden mussten diese Sterne (es gab maximal vier pro Person) bezahlen; sie kosteten vier Cent pro Stück und einen Textilpunkt. Wegen der kriegsbedingten Knappheit erhielten alle Niederländer Rationierungsmarken, nicht nur für Lebensmittel wie Milch, Fleisch und Brot, sondern auch Punkte für Textilien. Jeder Niederländer ab dem Alter von drei Jahren erhielt hundert Textilpunkte pro Halbjahr. Ohne Stern angetroffen zu werden, konnte mit einer Gefängnisstrafe von bis zu sechs Monaten oder einer Geldbuße von bis zu tausend Gulden geahndet werden, was heute sechstausendfünfhundert Euro entsprechen würde. In der Praxis wurden Verstöße oft mit der Internierung im Durchgangslager Westerbork bestraft. Das Lager war bereits 1939 zur Unterbringung jüdischer Flüchtlinge errichtet worden. Die Besatzer machten es im Juli 1942 zum «Polizeilichen Judendurchgangslager Westerbork» unter dem Kommando von SS-Behörden. Es wurde für mehr als hunderttausend Juden die Zwischenstation auf dem Weg in die Konzentrations- und Vernichtungslager.

Da die Geburtstagsfeiern 1940 und 1941 ausgefallen waren, wurde Anne an ihrem dreizehnten Geburtstag verwöhnt. Sie bekam einen Haufen Geschenke und durfte ihre Mitschüler einladen. Annes liebstes Geschenk war ein Tagebuch, das sie sich selbst ausgesucht hatte, vermutlich in einem Buchladen in der Nachbarschaft.

Otto sorgte für eine besondere Filmvorführung. Anne und ihre Klassenkameraden durften im Heimkino am Merwedeplein 37-II den Stummfilm *Rin-tin-tin en de vuurtorenwachter (Rin-Tin-Tins Heldentat)* sehen, in dem ein tapferer Hund die Tochter des Leuchtturmwärters aus den Fängen von Schurken rettet. Anschließend zeigte Otto einen Werbefilm seiner Firma, in dem vorgeführt wurde, wie man mit Opekta Marmelade kochen konnte und in dem Miep Gies die Hauptrolle spielte – nicht gerade ein Thema, das die jungen Geburtstagsgäste begeisterte. In der Erinnerung von Albert de Mesquita, einem Mitschüler Annes: «Total langweilig.»

Die folgenden Wochen standen für Anne im Zeichen von Jungs und ihrem Schulzeugnis. Anne traf sich oft mit dem sechzehnjährigen «Hello» Silberberg, der wie sie jüdisch war und aus Deutschland stammte. Die Möglichkeiten für gemeinsame

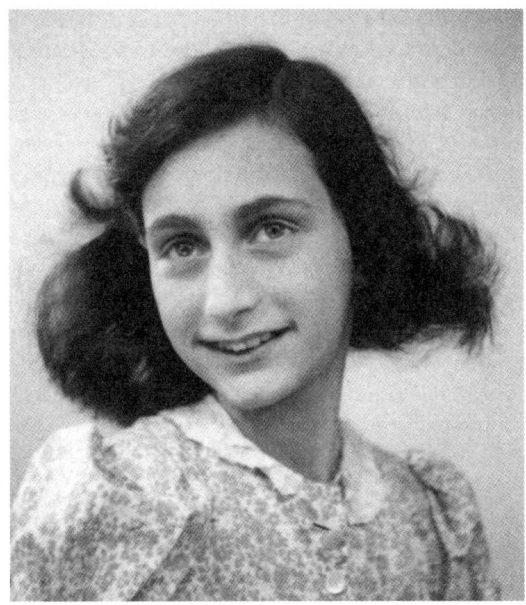

Anne Frank,
Mai 1942

Unternehmungen waren auf Spaziergänge im Viertel und Eis essen in einer jüdischen Eisdiele beschränkt. «Margot würde sagen, Hello ist ein sehr feiner Kerl, und das finde ich auch und noch mehr als das», notierte Anne in ihrem Tagebuch. Wirklich verliebt war sie jedoch nach eigener Aussage nicht. Zu ihrem dreizehnten Geburtstag, schrieb sie, habe sie sechs Nelken von ihm bekommen (*Tagebuch A*, 30. Juni 1942).

Otto und Edith Franks Sorgen nahmen um diese Zeit beträchtlich zu. Es kursierten Gerüchte, alle Juden aus den besetzten Niederlanden würden in Arbeitslager im Deutschen Reich deportiert. Arbeitslose Juden hatten bereits Aufforderungen erhalten, in solchen Lagern zu arbeiten.

Am 28. Juni hielt Fritz Schmidt, einer der höchsten Nazi-Funktionäre in den besetzten Niederlanden, in Breda eine Rede. Schmidt war als «Generalkommissar zur besonderen Verwendung» unter anderem für die Gleichschaltung der niederländischen Medien zuständig und hatte ein niederländisches «Propagandaministerium» geschaffen. In seiner Rede kündigte er neue Maßnahmen gegen die Juden an und drohte: «Sie sollen genauso arm dahin zurückkehren, von woher sie einst arm und verlaust gekommen sind. Wer dann noch mit den Juden sympathisiert, wird genauso behandelt. Überall, wohin wir Deutsche kommen, wird diese Frage genauso gelöst.»

Am 1. Juli 1942 wurde durch die «Zweite Anordnung des Generalkommissars für das Sicherheitswesen über das Auftreten der Juden in der Öffentlichkeit» die Freiheit von Juden weiter eingeschränkt. Für sie galt nun unter anderem eine Ausgangssperre von 20 Uhr bis 6 Uhr, sie durften sich nicht mehr in Wohnungen und Gärten von Nichtjuden aufhalten und keine öffentlichen und privaten Verkehrsmittel mehr benutzen. Es gab einige wenige Ausnahmen wie das Benutzen von Fähren, und in Amsterdam beispielsweise durften Juden noch Fahrrad fahren. Auch einige Berufe waren von diesem Tag an für Juden verboten, etwa Buchprüfer, Kosmetiker und Friseur. Die Liste der Maßnahmen war lang. Die Besatzer wollten Juden weiter isolieren und ihrer Existenzgrundlage berauben.

Zwei Tage später erhielten Anne und Margot ihre Zeugnisse. Anne würde nach dem Sommer in die zweite Klasse des *Joods Lyceum* versetzt werden, Margot in die vierte. Anne war vom Zeugnis ihrer Schwester beeindruckt. «Wenn es bei uns cum laude gäbe, wäre sie bestimmt mit Auszeichnung versetzt worden, so ein heller Kopf!» Mit ihren eigenen Noten auf einer Skala von 1 bis 10 für die beste Note war sie auch nicht unzufrieden. «Gar nicht so schlecht, ich habe ein Mangelhaft, eine Fünf in Algebra, sonst alles Siebenen, zwei Achten und zwei Sechsen», notierte sie erleichtert in ihr Tagebuch (*Tagebuch B*, 5. Juli 1942). Es sollten Annes und Margots letzte Schulzeugnisse sein.

4. Untertauchen, 1942–1944

Ins Hinterhaus

Am Sonntag, dem 5. Juli, kam Hello schon vormittags zu Anne, und sie genossen auf dem Vordach das sonnige Wetter. Nach einer Weile ging er nach Haus, versprach aber, nachmittags wiederzukommen. Anne lag im Liegestuhl und las, als es gegen fünfzehn Uhr an der Tür klingelte. Ihre Mutter öffnete. Es war ein Polizist mit einer amtlichen Aufforderung für Margot Frank. Edith Frank nahm die Karte entgegen. Darauf stand, Margot müsse sich am folgenden Morgen bei der «Zentralstelle für jüdische Auswanderung» unweit des Merwedeplein melden. Wie Margot erhielten an diesem Sonntag Hunderte andere Juden in Amsterdam so eine Aufforderung.

Die Zentralstelle – eine Abteilung des Sicherheitsdienstes der SS – war 1941 von Arthur Seyß-Inquart gegründet worden und hatte hauptsächlich die Aufgabe, die Emigration, oftmals unter Zwang, von Juden aus den Niederlanden zu beschleunigen. Vermutlich konkretisierte sich Ende 1941 die Entscheidung, alle Juden in Europa zu ermorden, ein Plan, der im Januar 1942 unter höchster Geheimhaltung von fünfzehn hochrangigen Funktionären der Reichsregierung und der SS in einer Villa am Berliner Wannsee auf der sogenannten Wannseekonferenz weiter ausgearbeitet wurde. Von jetzt an änderte sich die Rolle der Zentralstelle; nun befassten sich die Mitarbeiter hauptsächlich damit, die Deportation von Juden aus den Niederlanden in die Konzentrations- und Vernichtungslager auf annektiertem Gebiet im Osten des Deutschen Reichs und im besetzten Polen zu organisieren.

Als die Karte mit der Aufforderung abgegeben wurde, war Otto Frank nicht zu Hause. Er besuchte gerade einen Bekannten in einem jüdischen Alters- und Pflegeheim. Im Rückblick auf die Ereignisse dieses Tages schrieb Anne am 8. Juli 1942 in ihr Tagebuch, ihre Mutter sei «völlig durcheinander» gewesen. Edith Frank eilte zur Familie van Pels, die um die Ecke an der Zuider Amstellaan 34-II, der heutigen Rooseveltlaan, wohnte, und kam mit Hermann van Pels zurück. Um Anne zu schonen, wurde ihr zuerst gesagt, der Vater habe die Aufforderung erhalten. Erst später erfuhr sie, dass es um Margot ging. Einige Tage später notierte sie: «Mutter versicherte mir, dass Margot nicht gehen würde und dass wir am nächsten Tag alle zusammen weggehen würden. Ich musste natürlich sehr weinen.» (*Tagebuch A*, 8. Juli 1942)

Diese Entscheidung war am späten Nachmittag getroffen worden, als Otto Frank wieder zu Hause war. Die Familie würde nun sofort, zwei Wochen eher als geplant, untertauchen. Am nächsten Morgen würden sie in aller Frühe das Versteck aufsuchen, und die Familie van Pels würde später nachkommen. Anders als Margot hatte der fünfzehnjährige Peter van Pels noch keine Aufforderung erhalten. Für seine Familie war der Schritt daher weniger dringlich.

Das Hinterhaus war noch nicht komplett eingerichtet und bezugsfertig. Miep Gies und ihr Mann Jan kamen abends zum Merwedeplein. In ihrem Erinnerungsbuch *Meine Zeit mit Anne Frank* schreibt Miep Gies darüber: «Edith Frank reichte uns stapelweise Sachen (…) Ich nahm einfach, was ich nur konnte, versteckte alles so gut wie möglich unter meinem Mantel, stopfte es in die Taschen, dann bei Jan die gleiche Prozedur. Sobald unsere Freunde in Sicherheit wären, sollte ich ihnen die Sachen nachbringen.» Auch Johannes Kleiman half, denn es war ausgeschlossen, mit Koffern durch die Straßen zu gehen.

Am folgenden Morgen stand die Familie Frank um halb sechs auf. Trotz der sommerlichen Temperaturen zogen alle so viele Kleider wie möglich übereinander an. Für Werner Goldschmidt, den Untermieter, hinterließen sie einen Zettel mit der Bitte, die Katze Moortje zu den Nachbarn zu bringen, und auf einem Schreibblock notierte Edith Frank eine Anschrift in Maastricht. So hofften sie, die Besatzer bei einer etwaigen Hausdurchsuchung auf eine falsche Fährte zu locken.

Miep stand gegen halb acht vor der Tür, um Margot abzuho-

Auguste und
Hermann van
Pels (Mitte),
1941

len. Margot hatte den Stern von ihrer Jacke abgetrennt. Der Plan war, dass sie zusammen zur Prinsengracht radelten, damit es so aussah, als seien sie auf dem Weg zur Arbeit. Wahrscheinlich wollten Otto und Edith Frank Margot so schnell wie möglich im sicheren Versteck wissen, da für sie die größte Gefahr bestand.

Eine halbe Stunde später machten sich auch Otto, Edith und Anne Frank auf den Weg. Sie gingen zu Fuß durch den Regen. Nach etwa einer Stunde kamen sie klatschnass an der Prinsengracht an. Erst unterwegs erfuhr Anne, wo sich das Versteck befand. «Papi und Mami erzählten mir jetzt ganz viel. Wir würden zu Papis Büro gehen und dort oben sei eine Etage für uns frei geräumt worden. Van Pels würden auch kommen, dann wären wir also zu siebt, die Katze der van Pels würde auch mitkommen, dann hätten wir ein bisschen Abwechslung», schrieb sie ein paar Tage später ins Tagebuch. Margot war unbehelligt angekommen und erwartete sie bereits im Hinterhaus (*Tagebuch A*, 8. Juli 1942).

Sämtliche Sachen, die in der letzten Zeit ins Hinterhaus ge-

Peter van Pels, 1942

schafft worden waren, standen noch kreuz und quer durcheinander. In den ersten Tagen packte die Familie die Kartons aus, räumte die Schränke ein und stückelte Fenstervorhänge zusammen, damit die Nachbarn sie nicht sehen konnten. Anne fand das kleine Zimmer, das sie sich mit Margot teilen musste, zu trist und verschönerte die Wände mit Bildern von Filmstars und Postkarten aus ihrer Sammlung. «Viel fröhlicher», notierte sie zufrieden (*Tagebuch B*, 11. Juli 1942).

Nach einer Woche kam die Familie van Pels nach. Peter hatte tatsächlich Mouschi mitgebracht. Anne musste sich erst an den Kater gewöhnen und vermisste ihre Katze Moortje. Peter und sie kannten sich übrigens schon. Er war an ihrem dreizehnten Geburtstag kurz vorbeigekommen und hatte ihr eine Tafel Schokolade geschenkt.

Untertauchen in den besetzten Niederlanden

In den nun folgenden Wochen erhielten immer mehr Juden die Aufforderung, sich zu melden. Viele kamen ihr nicht nach, denn inzwischen hatte sich herumgesprochen, dass diejenigen, die sich bei der Zentralstelle meldeten, dort einen Vordruck mit einer Fahrkarte nach Westerbork erhielten sowie eine Liste, was sie mitnehmen durften und was nicht. Das letztendliche Ziel sollte ein Arbeitslager im Deutschen Reich sein.

Auf der Liste standen unter anderem «ein Arbeitsanzug» und «Arbeitsstiefel», sodass viele Juden annahmen, es ginge tatsächlich um ein Arbeitslager. Voller Zuversicht auf einen guten Ausgang erschienen sie und brachten manchmal sogar eigenes

Werkzeug mit. Andere trauten den Deutschen nicht im Geringsten und gingen davon aus, dass sie dort der Tod erwartete. Nicht jeder konnte jedoch untertauchen, und es war nicht leicht, ein sicheres Versteck zu finden.

Schätzungen zufolge tauchten während der deutschen Besatzung der Niederlande rund 28 000 jüdische Männer, Frauen und Kinder unter. Die meisten Untergetauchten fanden, meist mit Hilfe des Widerstands, einen sicheren Unterschlupf auf dem Land und nicht in der Stadt. Selten konnten Eltern mit ihren Kindern an einem Ort zusammenbleiben. Bitter war auch, dass ein einziges Versteck oft nicht ausreichte. Es gibt Berichte von jüdischen Kindern, die sich an mehr als zehn Orten verstecken mussten, und im Durchschnitt waren es viereinhalb. In vielen Fällen mussten sie schnell weggebracht werden, weil Verrat oder eine Razzia drohte.

Am 7. August 1942 veröffentlichte das *Joodsche Weekblad*, das Organ des «Judenrats», eine Sonderausgabe mit einer ernsten Warnung. Der von der Besatzungsmacht eingerichtete «Judenrat» bestand aus Vertretern der jüdischen Gemeinde und wurde gezwungen, bei den Deportationen zu assistieren. Die Sprache der Besatzer wurde drohender: Wer eine Aufforderung erhalten und sich nicht gemeldet hatte, würde in Mauthausen landen. Es gab noch eine letzte Frist für eine nachträgliche Meldung, die am 9. August um 17 Uhr ablief. Die gleiche Strafe galt von diesem Tag an auch für das Nichttragen des Sterns und für einen Umzug an einen anderen Ort oder in eine andere Wohnung ohne offizielle Erlaubnis.

Auch Juden zu helfen wurde bald schwer geahndet. Ende September 1942 berichteten niederländische Zeitungen, dass sechs Niederländer wegen «Judenbegünstigung» in ein Konzentrationslager deportiert worden seien und dass ihr gesamtes Vermögen beschlagnahmt worden sei. Einer von ihnen hatte Juden versteckt, ein anderer hatte versucht, Juden über die belgische Grenze zu schmuggeln, und wieder ein anderer hatte gefälschte Ausweise beschafft. Von diesem Moment an konnten sich die Helfer der Untergetauchten im Hinterhaus ausmalen, was ihnen bevorstand, falls ihre Schützlinge entdeckt würden.

Otto Frank (Mitte) einige Monate nach seiner Rückkehr aus Auschwitz
mit den Helfern, die im Büro arbeiteten. Von links nach rechts:
Miep Gies, Johannes Kleiman, Victor Kugler und Bep Voskuijl, 1945

Jan Gies,
Anfang der vierziger Jahre

Johan Voskuijl,
Anfang der dreißiger Jahre

Leben hinter einem Bücherschrank

Damit das Versteck nicht so leicht entdeckt werden konnte, stellten die Helfer einen zur Seite schwenkbaren Bücherschrank vor den einzigen Zugang zu den oberen Etagen des Hinterhauses und richteten den Raum davor als Archiv ein. Den Bücherschrank zimmerte Johan Voskuijl, Beps Vater, der als Lagermeister in der Firma arbeitete. Anfangs wusste er nicht, was vor sich ging, doch die Helfer und Untergetauchten beschlossen schon bald, auch ihn ins Vertrauen zu ziehen. Er konnte die Situation in den Lagerräumen im Auge behalten, denn die Lagerarbeiter durften auf keinen Fall etwas von den Untergetauchten merken. Er kümmerte sich auch darum, dass der Abfall aus dem Hinterhaus verbrannt wurde. Als Johan Voskuijl 1943 ernsthaft erkrankte und nicht mehr in der Firma arbeiten konnte, war das ein schwerer Schlag. Sein Nachfolger Willem van Maaren wurde nicht eingeweiht, da ihm niemand traute. Er war zu neugierig und stellte manchmal Fragen über das Hinterhaus.

Neben ihrer täglichen Arbeit für die Firma waren die Helfer für die tägliche Versorgung der Versteckten verantwortlich. Sie teilten sich die Aufgaben untereinander auf. Miep etwa kümmerte sich um Fleisch und Gemüse, während Bep für Milch und Brot sorgte. Das alles konnten die Helfer aber nicht ohne andere Helfer schaffen: Sie mussten vertrauenswürdige Lieferanten, Bäcker, Gemüsehändler, Metzger finden, die keine Fragen stellten, wenn sie große Mengen einkauften. Außerdem sorgten die Helfer für Bücher, Zeitungen und Zeitschriften sowie Schulbücher für Anne, Margot und Peter. Bep bestellte unter ihrem Namen einen Fernkurs Latein bei den Leidse Onderwijsinstellingen (LOI); in Wirklichkeit nahm Margot an dem Kurs teil und sandte über Bep ihre Hausaufgaben ein.

Die Helfer waren auch auf zuverlässige Lieferanten von Marken für Lebensmittel und andere Waren angewiesen. Jan Gies sowie die Vertreter Brouwer und Daatzelaar, die nicht über die Untergetauchten informiert waren, halfen hier. Doch im Verlauf des Krieges wurde es immer schwieriger, für acht Personen ge-

Der Eingang zum Hinterhaus, versteckt hinter dem
schwenkbaren Bücherschrank, vermutlich Ende 1945

nug Lebensmittel aufzutreiben. Die Ernährung wurde immer
eintöniger. Anne schrieb in ihrem Tagebuch sogar über «Essens-
perioden». Eine «Essensperiode» war eine Zeit, in der die Untergetauchten mehrere Tage hintereinander das Gleiche aßen.

«Es ist nicht gerade angenehm, jeden Mittag und jeden Abend zum Beispiel Sauerkraut zu essen, aber was soll man machen, wenn man Hunger hat», notierte sie (*Tagebuch A*, 3. April 1944). Und manchmal gingen die Untergetauchten hungrig zu Bett.

Die Helfer hatten sogar den Mut, einmal im Hinterhaus zu übernachten. Im Oktober 1942 verbrachten Jan und Miep Gies eine Nacht im Versteck, eine Woche später war Bep zu Gast. Wie Miep Gies später erzählte, hatten die Untergetauchten fast flehentlich darum gebeten und sich riesig gefreut, als ihnen der Wunsch erfüllt wurde. Miep und auch Bep bekamen damals kein Auge zu. «Erst jetzt begriff ich, was es bedeutete, untergetaucht zu sein», so Miep in ihren Erinnerungen.

In Amsterdam nahmen die deutschen Besatzer immer mehr Juden fest und brachten sie in das Durchgangslager Westerbork. Über die BBC, deren Nachrichten sie oft hörten, erfuhren die Untergetauchten von dem Massenmord an den Juden in Osteuropa. In einer Nachrichtensendung vom 9. Juli 1942 hörten sie unter anderem: «Jews are regularly killed by machine-gun fire, hand grenades and even killed by poisoned gas. In a single night two thousand five hundred Jews were driven from their homes in one town and put to death. Ten times that many went to one or other of the twenty-three known concentration camps.»

Anfangs berichteten die Helfer noch ausführlich, was mit Freunden und Bekannten geschehen war, aber mit der Zeit behielten sie ihr Wissen zunehmend für sich, um die Menschen im Versteck nicht noch mehr zu belasten. Miep Gies sagte später darüber in einem Interview: «Wir hielten die Untergetauchten auf dem Laufenden über das, was in der Außenwelt passierte, und das waren keine schönen Sachen. Razzien, Verhaftungen … Jan, mein Mann, sagte: ‹Miep, erzähl doch nicht immer alles. Denk daran, dass diese Leute eingesperrt sind. Sie können nie nach draußen. Schlechte Nachrichten deprimieren sie nur noch mehr. Erzähl besser nicht alles so genau.›»

Im September 1942 notierte Anne in ihr Tagebuch, dass Fritz Pfeffer demnächst bei ihnen einziehen würde. Er wurde der achte Bewohner des Hinterhauses. Von wem genau die Initiative ausging, ist nicht deutlich. Miep Gies zufolge hatte sie Otto Frank gefragt, ob Fritz noch hinzukommen könne. Er war ein Bekannter beider Familien im Hinterhaus und Mieps Zahnarzt. Er praktizierte übrigens illegal, denn als jüdischer Flüchtling durfte er seinen Beruf nicht ausüben. Fritz Pfeffer hatte vor seinem Wechsel zur Zahnheilkunde Medizin studiert, und jemand mit diesen Kenntnissen würde dem Hinterhaus sicherlich nützen können. Aus Annes Tagebuch geht hervor, dass er ihre und Auguste van Pels' Zähne behandelt hat.

Wie Anne im Tagebuch schreibt, besuchte Miep Anfang November Fritz Pfeffer, um ihm die gute Nachricht zu überbringen, dass sie ein Versteck für ihn wisse. Schließlich tauchte Fritz Pfeffer am 16. November im Hinterhaus unter. Charlotte Kaletta, seine katholische Verlobte, erfuhr erst nach dem Krieg, wie nahe er die ganze Zeit gewesen war. Sein Einzug bedeutete auch, dass Margot von nun an im Zimmer der Eltern schlief und sich Anne und Fritz Pfeffer ein Zimmer teilen mussten.

Otto Frank war sich bewusst, dass das Zusammenleben im Hinterhaus nur gelingen konnte, wenn es eine Struktur und Regeln gab. Darüber schrieb er in seinem Text von 1968: «Nur dadurch, dass man von Anfang an eine gewisse Zeiteinteilung festlegte und jeder seine bestimmten Pflichten hatte, konnte man hoffen, sich der Situation anzupassen. Vor allem mussten die Kinder genug Bücher zum Lesen und zum Lernen haben. Niemand wollte daran denken, wie lange eigentlich diese freiwillige Gefangenschaft dauern könnte.»

Ein Tag im Hinterhaus

An einem Wochentag läutete um Viertel vor sieben der Wecker beim Ehepaar van Pels. Hermann van Pels stand auf, setzte das Teewasser auf und ging ins Badezimmer. Nach einer Viertelstunde war das Badezimmer frei, und Fritz Pfeffer war an der Reihe. Anne stand dann auch auf und nahm die Verdunkelungstafeln von den Fenstern. Einer nach dem anderen benutzten die Untergetauchten das Badezimmer.

Um halb neun begann eine riskante halbe Stunde. Für die Männer im Lager begann der Arbeitstag, und die Büroangestellten, die Helfer der Untergetauchten, waren noch nicht im Haus. Jedes Geräusch könnte die Untergetauchten nun verraten. Um neun Uhr trafen die Helfer ein. Die Untergetauchten liefen auf Socken und flüsterten, aber wenn nun doch einmal ein Laut von oben zu hören war, weckte das weniger Argwohn bei den Lagerarbeitern, weil sie annehmen würden, es seien die Büroangestellten.

Fritz Pfeffer,
1937 oder 1938

Wenn keine Gefahr drohte, ging Miep Gies als Erste ins Versteck und fragte die Untergetauchten, ob sie irgendetwas brauchten. Der restliche Vormittag stand im Hinterhaus im Zeichen von Lesen und Lernen und der Vorbereitungen für das Mittagessen.

Um halb eins begann die Mittagspause der Lagerarbeiter, die dann das Haus verließen. Helfer und Untergetauchte hatten nun eine Weile das Reich für sich allein. Um Viertel vor eins gingen die Helfer ins Hinterhaus. Meist waren das Johannes Kleiman, Victor Kugler und Bep Voskuijl. Anfangs war Beps Vater Johan Voskuijl auch oft dabei, und auch Jan Gies saß häufig am Tisch, obwohl sein Arbeitsplatz anderswo in der Stadt war. Miep Gies blieb meist im Büro zurück und passte auf. Die Untergetauchten genossen es, andere Gesichter zu sehen, und sie erfuhren die neuesten Nachrichten aus der Stadt. Um ein Uhr wurde das Radio für die Nachrichten der BBC eingeschaltet. Ab Viertel nach eins wurde gemeinsam gegessen, und um Viertel vor zwei gingen die Helfer wieder an die Arbeit.

Wenn die Untergetauchten alles aufgeräumt hatten, hielten

einige von ihnen einen kurzen Mittagsschlaf. Anne nutzte die Zeit, um zu lernen oder etwas in ihr Tagebuch zu schreiben. Schreiben wurde für sie immer wichtiger. Es war für sie *die* Möglichkeit, ihrem Herzen Luft zu machen und es im Hinterhaus auszuhalten, denn als Jüngste hatte sie es oft nicht leicht. Die Erwachsenen versuchten, sie zu erziehen, und hatten ständig etwas an ihr auszusetzen. «Am besten finde ich noch, dass ich das, was ich denke und fühle, zumindest aufschreiben kann, sonst würde ich völlig ersticken», stellte sie im März 1944 fest (*Tagebuch A*, 16. März 1944).

Gegen vier Uhr war Kaffeezeit, und danach begannen gleich die Vorbereitungen für das warme Abendessen. Um halb sechs machten die Lagerarbeiter Feierabend. Bep Voskuijl kam dann meist noch kurz vorbei und fragte, ob die Versteckten noch etwas benötigten, so wie Miep das morgens gemacht hatte. Wenn auch sie um Viertel vor sechs nach Hause ging und das Haus abgeschlossen hatte, brauchten die Untergetauchten nicht mehr im Hinterhaus zu bleiben. Wenn sie wollten, konnten sie sich – mit der notwendigen Vorsicht – über das ganze Haus verteilen.

Hermann van Pels las dann im Büro die Post des Tages, Peter holte das Brot, das im Büro bereitlag, Otto Frank tippte Geschäftsbriefe auf der Schreibmaschine, Margot und Anne erledigten einfache Büroarbeiten für Miep und Bep, und Auguste van Pels und Edith Frank kochten das Abendessen. Nach der Mahlzeit wurde noch ein wenig gelesen, geredet und Radio gehört, oft klassische Musik.

Um neun Uhr begannen die Vorbereitungen für die Nacht. Möbel mussten umgestellt werden, im Zimmer des Ehepaars van Pels zum Beispiel, da der Raum tagsüber als gemeinsames Wohnzimmer und Küche diente. Wie am Morgen gingen die Untergetauchten nacheinander ins Badezimmer. Und wie jeden Tag mussten bei Sonnenuntergang die Fenster verdunkelt werden, um alliierten Bombern auf dem Weg ins Deutsche Reich die Orientierung zu erschweren. Danach wurde es still im Hinterhaus. Am nächsten Morgen läutete der Wecker wieder um Viertel vor sieben, außer am Sonntag.

Ein Sonntag im Hinterhaus hatte einen ganz anderen Rhyth-

mus und stand im Zeichen von «Schrubben, Fegen und Waschen», wie Anne in ihrer kleinen Geschichte «Sonntag» schrieb.
Die Untergetauchten ließen sich morgens mehr Zeit. Als Erster
stand Fritz Pfeffer auf; um acht Uhr ging er ins Badezimmer, danach die Familie van Pels. Eine von Annes «Heimsuchungen»
war es, zuschauen zu müssen, wie Fritz Pfeffer eine Viertelstunde
lang betete. Dabei «schockelte» er, schwang also den Körper
hin und her. «Wenn ich die Augen nicht zumache, wird mir fast
schwindlig davon.» (Geschichte «Sonntag», 20. Februar 1944)
Ab Viertel nach zehn benutzten die Franks das Badezimmer. Ge-
frühstückt wurde sonntags erst um halb zwölf. Eine Dreiviertel-
stunde später machten sich alle an die Arbeit: Teppiche ausbürs-
ten, Wäsche waschen und aufhängen, Betten machen.

Nach einer kurzen Pause, in der sie Nachrichten hörten,
machten sie bis etwa zwei Uhr mit dem Putzen und Aufräumen
weiter. Dann hörten sie erneut Nachrichten und anschließend
eine Musiksendung und tranken dabei Ersatzkaffee, bevor es
höchste Zeit für den täglichen Mittagsschlaf wurde. Anne fragte
sich, «warum die Erwachsenen hier ständig schlafen müssen»
(Geschichte «Sonntag», 20. Februar 1944).

Wie der Tagesrhythmus erkennen lässt, waren sich die Untergetauchten und ihre Helfer der Gefahren voll bewusst. Im Hinterhaus blieben die Vorhänge ständig zugezogen, sodass kein
Nachbar hineinblicken konnte, und auch für die Benutzung der
Toilette galten strenge Regeln.

Bedrohungen, Sorgen, Ängste

Im Laufe der Zeit wurden die Vorsichtsmaßnahmen im Hinterhaus noch verschärft, unter anderem nach einem Einbruch ins
Gebäude. Die immer schlimmere Knappheit von Waren und
Nahrungsmitteln in den besetzten Niederlanden war mit ein
Grund für die zunehmenden Einbrüche bei Firmen. Anne beschrieb die Situation im Tagebuch ausführlich: «Die Leute stehen Schlange für Gemüse und alles Mögliche andere, die Ärzte
können keine Krankenbesuche machen, weil ihnen immer wieder ihr Fahrzeug gestohlen wird, Einbrüche und Diebstähle gibt

es jede Menge, das geht so weit, dass man sich fragt, ob etwas in die Niederländer gefahren ist, weil sie plötzlich so diebisch geworden sind. (…) Die Stimmung in der Bevölkerung kann nicht gut sein, alle haben Hunger, mit der Wochenration kann man nicht mal zwei Tage auskommen, außer mit dem Ersatzkaffee. Die Invasion lässt lange auf sich warten, die Männer müssen nach Deutschland, die Kinder werden krank oder sind unterernährt, alle haben schlechte Kleidung und schlechte Schuhe.» (*Tagebuch B*, 29. März 1944)

Nach einem Einbruch im Hinterhaus ging dort die Angst um, und die Versteckten und Helfer führten neue Regeln ein; so durfte zum Beispiel die Toilette abends nach einer bestimmten Zeit nicht mehr gespült werden, und kein einziges Fenster durfte mehr geöffnet sein.

Der bedrohlichste Einbruch fand im April 1944 statt. Die Untergetauchten konnten die Einbrecher zwar vertreiben, doch weil diese von der Straße aus ein Loch in die Tür zum Lager getreten hatten, ermittelte die Polizei. Ein Beamter inspizierte das Gebäude und stand sogar vor dem Bücherschrank. Wie Anne schreibt, rüttelte er daran, ging aber wieder, nachdem es ihm nicht gelungen war, den Schrank zu verschieben. Die Erleichterung im Hinterhaus war groß. Dieser Polizist war im Übrigen, soweit bekannt, der einzige Außenstehende, der in dieser Zeit den Bücherschrank berührt hat.

Eine andere große Sorge war die Möglichkeit eines Brandes, ausgelöst durch Bomben oder ein abgestürztes Flugzeug. Ende Juli 1943 bombardierten die Alliierten die Fokker-Werke, trafen versehentlich aber nicht die Flugzeugfabrik, sondern ein Wohnviertel im Norden Amsterdams. Die Menschen im Versteck konnten nichts anderes tun als tatenlos abwarten, während sich andere in Sicherheit brachten. Nachts machten sie oft kein Auge zu, weil die deutschen Luftabwehrgeschütze die Flugzeuge der Alliierten, die auf ihrem Weg nach Deutschland die Stadt überflogen, unter Beschuss nahmen. Im April 1943 klagte Anne: «Die Luftangriffe auf deutsche Städte werden von Tag zu Tag heftiger. Wir haben keine Nacht mehr Ruhe, ich habe dunkle Ringe unter den Augen wegen des Schlafmangels.» (*Ta-*

gebuch B, 27. April 1943) Für den Notfall hatten sie alle eine «Fluchttasche» mit ein paar Sachen gepackt, obwohl auch eine Flucht nach draußen lebensgefährlich sein würde. Im Mai 1943 notierte Anne dazu: «Heute Nacht musste ich viermal alle meine Besitztümer zusammenpacken, so heftig wurde geballert. Heute habe ich einen kleinen Koffer mit den wichtigsten Fluchtsachen gepackt. Aber Mutter sagt zu Recht: ‹Wohin willst du fliehen?›» (*Tagebuch B*, 1. Mai 1943)

Stimmungsschwankungen waren an der Tagesordnung, dazu die große, ständige Angst vor der Entdeckung. Oft gab es Streitereien und Verstimmungen im Hinterhaus. Das ist nur zu verständlich, denn die Untergetauchten mussten sich Tag und Nacht ertragen. Otto Frank schrieb 1968 in seinen *Erinnerungen an Anne*: «Wir hatten nicht bedacht, wie viel Schwierigkeiten durch die Verschiedenheit von Charakteren und Ansichten entstehen würden.» Dennoch taten die Untergetauchten alles, damit das Leben im Hinterhaus erträglich blieb. Jüdische Feiertage, Geburtstage, Nikolaus waren für sie und die Helfer willkommene Anlässe, ihre Ängste und Sorgen für eine Weile zu vergessen.

Im Laufe der Versteckzeit änderte sich im Übrigen nichts an der Überzeugung der Untergetauchten über ihr Schicksal. Im Tagebuch gab Anne Anfang Februar 1944 eine Diskussion zwischen ihnen und den Helfern über das Schicksal der Juden wieder. Die Helfer stellten die Möglichkeit in den Raum, es handle sich vielleicht um Propaganda, doch die Untergetauchten waren anderer Ansicht. Anne schreibt kurz und prägnant: «Es ist eine Tatsache, dass in Polen und Russland Millionen und Abermillionen ermordet und vergast worden sind.» (*Tagebuch A*, 3. Februar 1944) Die Zahl der jüdischen Opfer ging zu diesem Zeitpunkt tatsächlich schon in die Millionen.

Aus den Niederlanden waren seit Juli 1942 bereits mehr als hunderttausend Juden deportiert worden. Viele hatten sich nach einer Aufforderung gemeldet, andere waren bei großen Razzien festgenommen worden. An diesen Razzien waren in vielen Fällen niederländische Polizisten beteiligt. Mehr als dreißigtausend jüdische Männer, Frauen und Kinder waren im Sommer 1943 in das Vernichtungslager Sobibor gebracht worden. Sie hatten dort, anders als die Menschen, die nach Auschwitz, Bergen-Belsen und Theresienstadt deportiert wurden, nicht die geringste Überlebenschance, denn sie wurden sofort nach der Ankunft vergast.

Die «Zentralstelle für jüdische Auswanderung» in Amsterdam wurde Ende 1943 nach und nach aufgelöst, da sie ihren Zweck erfüllt hatte. Von da an befassten sich die verbliebenen Mitarbeiter hauptsächlich damit, untergetauchte Juden aufzuspüren. Das sogenannte «Kopfgeld», die Belohnung für die Denunziation eines jüdischen Mannes, einer Frau oder eines Kindes, stieg im Herbst 1944 auf vierzig Gulden.

Angesichts der vielen düsteren Nachrichten aus der Außenwelt war es für die Untergetauchten manchmal sehr schwer, nicht den Mut zu verlieren. Vor allem Edith Frank litt. Miep Gies schrieb in ihren Erinnerungen: «Keine noch so verheißungsvolle Meldung vermochte auch nur den leisesten Hoffnungsschimmer in ihr zu erwecken. Wir konnten so viele Einwände gegen ihre Schwarzseherei vorbringen, wie wir wollten; für sie existierte nur der lange dunkle Tunnel, doch keinerlei Lichtschein am Horizont.»

Es gab aber durchaus Lichtblicke und ermutigende Nachrichten. Im Juni 1944 schienen sich die Dinge in die richtige Richtung zu entwickeln. Am 6. Juni 1944, heute bekannt als D-Day, landeten Truppen der Alliierten an der Küste der Normandie. Ziel war es, die besetzten Länder Westeuropas zu befreien und das Deutsche Reich zu besiegen. Gleichzeitig rückte von Osten her die sowjetische Armee vor und gewann immer mehr Terrain. Die Untergetauchten waren außer sich vor Freude. «Das Hinterhaus ist in heller Aufregung», schrieb Anne. «Sollte denn jetzt wirklich die lang ersehnte Befreiung nahen, die Befreiung, von der so viel geredet wurde und die doch zu schön, zu traumhaft ist, um je wahr werden zu können? Sollte dieses Jahr, dieses 1944, uns den Sieg schenken? Wir wissen es auch jetzt noch nicht, aber die Hoffnung belebt uns wieder, sie macht uns wieder mutig, sie macht uns wieder stark.» (_Tagebuch A_, 6. Juni 1944) Anne dachte sogar schon darüber nach, wann sie wieder zur Schule gehen könnte. Der Optimismus im Hinterhaus bekam weiteren Auftrieb durch das Attentat auf Hitler am 20. Juli 1944. Zu diesem Zeitpunkt lebten die Familien Frank und van Pels bereits mehr als zwei Jahre lang im Versteck.

Entdeckung und Verhaftung am 4. August 1944

«Ich habe große Angst, dass wir entdeckt und dann erschossen werden», schrieb Anne Frank schon zu Beginn der Zeit im Versteck (*Tagebuch A*, 1. August 1942). Als im Frühjahr 1944 Lebensmittelknappheit drohte, kam sie darauf zurück: «Das läuft auf Hungern hinaus, aber nichts ist schlimmer als entdeckt zu werden.» (*Tagebuch A*, 25. Mai 1944) Und doch geschah etwa zwei Monate später das, vor dem sich die Untergetauchten über zwei Jahre lang so gefürchtet hatten.

Der genaue Hergang der Ereignisse an jenem verhängnisvollen Freitagmorgen, 4. August 1944, lässt sich nicht mehr rekonstruieren. Die Grundzüge lassen sich jedoch ziemlich klar skizzieren. Gegen halb elf betraten einige Polizisten des Sicherheitsdienstes (SD) das Haus an der Prinsengracht 263 durch die große Tür zum Lager im Erdgeschoss, deren Flügel wegen des schönen Wetters offenstanden. Wie viele genau, weiß man nicht, es waren aber mindestens drei: ein Österreicher und zwei Niederländer sind namentlich bekannt. Die Lagerarbeiter schickten die Polizisten in den ersten Stock, wo sich die Büroräume und die Direktion befanden. Dort verhörten sie Victor Kugler, der seit den Gesetzen von 1940 als Direktor der Firma N. V. Handelsvereeniging Gies & Co angestellt war. Diese Firma war die Nachfolgerin von Pectacon, dem Betrieb, der aufgehoben werden musste, da Otto Frank als größter Anteilseigner als Jude registriert worden war.

Die anderen Anwesenden, Miep Gies, Bep Voskuijl und Johannes Kleiman, wurden aufgefordert, an ihrem Platz zu bleiben. Dennoch konnte Bep, die ziemlich verstört war, das Haus schon bald ungehindert verlassen. Gegen zwölf Uhr kam Jan Gies wie gewöhnlich zu seiner Frau Miep ins Büro, um dort sei-

nen Mittagsimbiss einzunehmen. Als er das Haus betrat, fiel
ihm zunächst nichts Besonderes auf, doch Miep warnte ihn,
und er kehrte sofort um. Dass Bep Voskuijl und Jan Gies ohne
weiteres gehen konnten, lässt darauf schließen, dass das Haus
nicht bewacht wurde.

Aus späteren Erklärungen Victor Kuglers geht hervor, dass er
die Polizisten durch das gesamte Gebäude führen und ihnen zeigen musste, was sich in den Säcken und Kisten befand. Über
den Weg durch das Haus und den zeitlichen Ablauf der Durch-
suchung sind ebenfalls kaum Einzelheiten bekannt, doch irgendwann standen die Polizisten vor dem Bücherschrank und ent-
deckten den Eingang zum Versteck. Sie ließen Kugler vorgehen,
und die acht Untergetauchten mussten sich im Zimmer der Familie Frank versammeln. Otto Frank berichtete später, dass er
mit dem SD-Mann Karl Josef Silberbauer ins Gespräch gekommen sei. Als Silberbauers Blick auf Otto Franks Offizierstruhe
aus dem Ersten Weltkrieg fiel, habe sich dessen Haltung geän-
dert. «Fast schien es sogar, als wolle er vor mir strammstehen»,
sagte Otto Frank später. Sie bekamen Zeit, ihre Sachen in Ruhe
zusammenzupacken.

Die Polizisten verhafteten die acht Untergetauchten und die
Helfer Victor Kugler und Johannes Kleiman. Wie sich den spär-
lichen Informationen entnehmen lässt, waren sie auf den Ab-
transport so vieler Menschen nicht vorbereitet. Gegen dreizehn
Uhr fuhr der Gefangenentransporter, der Jan Gies zufolge um
die Mittagszeit noch nicht vor dem Haus gestanden hatte, ab.
Jan hatte in der Zwischenzeit Johannes Kleimans Bruder Willy
gewarnt, der seinerzeit Möbel ins Hinterhaus transportiert
hatte. Von der anderen Seite der Gracht aus beobachteten die
beiden die Abfahrt.

Die Polizisten brachten die Verhafteten in die deutschen
Dienststellen in Amsterdam-Süd. In zwei einander gegenüber-
liegenden Schulgebäuden waren die Außenstelle Amsterdam des
Sicherheitsdienstes (SD) und die Zentralstelle für jüdische Auswanderung untergebracht. Die acht Untergetauchten kamen in
die Zentralstelle, die beiden Helfer zum SD. Von den Verhören
sind keine Protokolle überliefert. Otto Frank berichtete später,

er sei nach anderen Verstecken von Untergetauchten gefragt worden und habe geantwortet, dass er und die anderen gut zwei Jahre lang isoliert ohne weitere Kontakte mit der Außenwelt gelebt hatten.

Kugler und Kleiman wurden am folgenden Tag, dem 5. August 1944, in die deutsche Abteilung des Gefängnisses an der Havenstraat in Amsterdam gebracht, während die Familie Frank, die Familie van Pels und Fritz Pfeffer in das Gefängnis an der Weteringschans kamen. Es war die erste Etappe auf ihrem Weg in die Konzentrationslager.

5. Deportation und Tod, 1944–1945

Vom Gefängnis ins Lager Westerbork

Die Haftanstalt an der Weteringschans war ein reguläres niederländisches Untersuchungsgefängnis. In der Besatzungszeit wurde es häufig von der deutschen Polizei genutzt. Festgenommene jüdische Untergetauchte wurden in zwei separaten Gefängnissälen untergebracht. Etwa alle zwei Wochen, wenn diese Großzellen voll belegt waren, wurden die jüdischen Häftlinge mit der Straßenbahn zum Hauptbahnhof und von dort mit dem Zug in das Durchgangslager Westerbork gebracht. Anne Frank verbrachte drei Nächte in diesem Gefängnis. Zusammen mit ihrer Mutter, Margot und Auguste van Pels schlief sie im Frauensaal, während die Männer in einem vergleichbaren Raum eingesperrt waren. Es waren kahle Säle, in der Mitte ein paar Tische und Bänke aus rohem Holz. An den Seitenwänden stand eine Reihe von zehn Eisenbetten mit Strohsäcken und darüber, auf einer Galerie, befand sich eine weitere Reihe von zehn Betten. Vier Tage nachdem Anne und die anderen aus dem Hinterhaus hier angekommen waren, war der Saal voll.

Am 8. August traten die Untergetauchten zusammen mit etwa achtzig anderen jüdischen Gefangenen die Fahrt nach Westerbork an, in einem Personenzug, nicht in Viehwaggons. Die acht aus dem Hinterhaus saßen gemeinsam in einem verschlossenen Abteil; durch die Gänge liefen deutsche Bewacher. Otto Frank erinnerte sich später daran, dass er sich in diesem Moment hauptsächlich um die beiden verhafteten Helfer Victor Kugler und Johannes Kleiman sorgte. Die Stimmung war relativ gut, vor allem, weil sie sich nach den vier Tagen im Gefängnis wiedersahen: «Wir waren noch einmal beisammen. Wir hatten auch ein wenig Brot bei uns. Wir wußten, wohin es ging, aber es war trotzdem beinahe, als verreisten wir noch einmal, oder als machten wir noch einmal einen Ausflug, und wir waren eigentlich fröhlich. Fröhlich wenigstens, wenn ich diese Fahrt mit unserer nächsten vergleiche.»

Nach fünf bis sechs Stunden kam der Zug im Lager Westerbork im Osten der Niederlande an, etwa vierzig Kilometer von der deutschen Grenze entfernt. Die meisten Menschen wurden von hier aus in die Konzentrations- und Vernichtungslager Auschwitz, Sobibor, Bergen-Belsen und Theresienstadt gebracht. Insgesamt wurden fast 107 000 Juden und etwa 250 Sinti und Roma aus den Niederlanden deportiert, die meisten von ihnen über Westerbork. Nur 5000 überlebten den Holocaust.

In Westerbork waren nur fünfzehn SS-Aufseher tätig sowie eine Gruppe von Angehörigen der niederländischen «Marechaussee», der Militärpolizei, die ab 1943 nur noch für die Überwachung des Lagers von außen eingesetzt wurde. Lagerkommandant SS-Obersturmführer Albert Konrad Gemmeker nutzte zur internen Überwachung und Aufrechterhaltung der Ordnung die bereits existierende Lagerverwaltung; zu einem bedeutenden Teil bestand sie aus deutschen Juden, die bereits vor 1940 als Flüchtlinge in Westerbork angekommen waren. Diese Gruppe von sogenannten Funktionshäftlingen bildete den Kern des jüdischen Ordnungsdienstes, der weitreichende Befugnisse hatte, wenn es darum ging, die interne Bewachung zu organisieren, die Deportationslisten zusammenzustellen und darüber zu entscheiden, wer im Lager unverzichtbar war und bleiben durfte.

In Westerbork wurde ein Unterschied gemacht zwischen regulären Gefangenen, die eine deutsche Meldeaufforderung befolgt hatten, und «Strafhäftlingen», hauptsächlich Menschen, die untergetaucht und aufgegriffen worden waren. Diese Gruppe, darunter die Familie Frank und fast alle anderen Häftlinge, die mit ihnen aus dem Amsterdamer Gefängnis nach Westerbork gekommen waren, wurden in einem gesonderten, mit doppeltem Stacheldrahtzaun vom Rest des Lagers getrennten Bereich in drei Strafbaracken einquartiert. Hier herrschten ein strengeres Regime und schlechtere Bedingungen als für die regulären Gefangenen. Im Hauptteil Westerborks waren die Regeln relativ mild; es gab verschiedene Einrichtungen wie eine Schule und eine Kinderbetreuung, und es wurden Sportwettkämpfe und Kabarettvorstellungen veranstaltet. Reguläre Häftlinge durften Briefe schreiben und Post empfangen. Dahinter stand vor allem das Kalkül, der Beunruhigung entgegenzuwirken, damit die Deportationen möglichst reibungslos vonstattengingen. Strafhäftlinge waren bei den Deportationen in den Osten in der Regel als Erste an der Reihe, während Insassen des «freien Lagers», wie die Gefangenen den regulären Teil Westerborks euphemistisch nannten, die Möglichkeit hatten, sich durch eine Funktion in der Lagerverwaltung oder durch gute Beziehungen von der Liste streichen zu lassen. Sie konnten sich für «unabkömmlich» erklären lassen und eine «Sperre», einen Aufschub der Deportation, erwirken.

Nach der Ankunft in Westerbork wurden die Gefangenen in der Lagerverwaltung registriert. Gepäck, Wertsachen, Dokumente und andere Besitztümer mussten sie abgeben und erhielten einen Lagerpass und Lagerkleidung. Sie wurden ärztlich untersucht und auf Kopfläuse kontrolliert. Männer wurden kahl geschoren. Die Strafbaracke 67, in der die Familie Frank einen Schlafplatz zugewiesen bekam, war Anfang September 1944 überfüllt, ebenso wie die anderen beiden Strafbaracken. In einer Baracke waren vier- bis fünfhundert Menschen untergebracht. Männer und Frauen schliefen in gesonderten Teilen der Baracke, durften sich aber abends treffen. Der Tagesablauf bestand hauptsächlich aus Arbeit. Edith, Margot und Anne Frank bekamen die schmutzige und gesundheitsschädliche Aufgabe zugeteilt, Batterien für eine Wiederverwertung zu zerlegen. Welche Arbeit die Männer aus dem Hinterhaus verrichten mussten, ist nicht bekannt.

Wie die Holocaust-Überlebende Rachel Frankfoorder berichtet, die eine weitaus weniger belastende Tätigkeit ausübte, soll Otto Frank versucht haben, Anne in den sogenannten «Innendienst» verlegen zu lassen. Es gab eine interne Putzkolonne, die auch für die Verteilung von Lagerkleidung an neu angekommene Häftlinge zuständig war. «Otto Frank kam mit Anne zu

Die durch das Lager Westerbork führende Hauptstraße.
Entlang der Straße verlief die Bahnlinie, und von der sogenannten
«Rampe» aus fuhren die Züge in die Konzentrations- und
Vernichtungslager im Osten.

mir und fragte, ob Anne mir helfen dürfe. Anne war sehr nett und fragte mich auch, ob sie helfen dürfe. Sie sagte: ‹Ich kann alles mögliche, ich bin doch so geschickt.› Sie war wirklich reizend, ein bißchen älter als auf dem Foto, das wir von ihr kennen, fröhlich und heiter. Die Entscheidung lag leider nicht bei mir, und ich schickte sie zur Barackenleitung.»

In seinen Erinnerungen von 1968 betonte Otto Frank, dass Anne und Margot und auch Peter van Pels nach der Ankunft im Lager Westerbork eine «gewisse Erleichterung» empfanden, «nicht mehr eingeschlossen zu sein und mit anderen Menschen sprechen zu können». In Westerbork begegnete die Familie Frank mehreren alten Freunden und Bekannten wieder. Einer von ihnen war Bram Asscher, ein Mitschüler von Margot im *Joods Lyceum*, der im anderen Teil des Lagers interniert war und wusste, dass sie in der Strafbaracke war, die im Lagerjargon auch «die S» genannt wurde. Er schrieb am 25. August 1944 aus Westerbork an seine Mutter: «Mama, weißt Du, dass Margot hier ist? Die Freundin von Trees. Du erinnerst Dich bestimmt noch an sie, oder? Sie ist mit ihren Eltern und ihrer Schwester in der S. Wirklich schade!»

Die Franks lernten auch neue Menschen kennen, von denen später einige zu wichtigen Zeugen der letzten Monate im Leben von Edith, Margot und Anne Frank werden sollten. Die zu diesem Zeitpunkt dreiundzwanzigjährige Ronnie van Cleef erinnerte sich später, dass die Familie Frank in den chaotischen Umständen der Strafbaracke einen niedergeschlagenen Eindruck auf sie machte und sehr für sich war. Rosa de Winter-Levy, deren Tochter Judik etwa in Annes Alter war und die später in Auschwitz eine enge Freundschaft mit Edith Frank schließen sollte, war eine andere wichtige Zeugin. Sie schrieb bereits im August 1945 in dem Buch *Aan de gaskamer ontsnapt!* (Der Gaskammer entronnen!), lange bevor Anne Franks Tagebuch berühmt wurde, über ihren Kontakt mit Edith Frank in Auschwitz. Später erzählte sie dem deutschen Journalisten Ernst Schnabel, dass ihr die Familie Frank bereits in Westerbork aufgefallen sei. Edith Frank sei in Westerbork «still und schon wie erstarrt» gewesen. «Auch Margot war schweigsam, aber Edith

Frank war wie stumm. Sie sagte nichts bei der Arbeit, und abends wusch sie immer Wäsche, in schmutzigem Wasser und ohne Seife, aber immer mußte sie waschen. Annes Vater war ja auch still, aber das war eine beruhigende Stille.» Anne hingegen, so erinnerte sich Rosa de Winter-Levy, sei überraschend positiv gestimmt gewesen und habe in Westerbork «glücklich und wie befreit» gewirkt. Sie habe viele Kontakte mit anderen Menschen aufgenommen und sei immer mit Peter van Pels zusammen gewesen.

Vor allem die Erwachsenen lebten in ständiger Angst vor der Deportation. Obwohl sie über die Vorgänge in den Vernichtungslagern nichts Genaues wussten, hatten die Untergetauchten bereits über die Radiosendungen der BBC und die illegale Presse von Massenmorden und Vergasungen erfahren. In der Nacht vom 2. auf den 3. September erfuhren die acht aus dem Hinterhaus, dass sie am nächsten Tag «auf Transport» müssten. Es war der letzte große Deportationstransport aus den Niederlanden nach Auschwitz. Auf der Transportliste vom 3. September 1944 stehen 1019 Namen, und die meisten der Menschen galten, wie die Familie Frank, als Strafhäftlinge.

In langen Reihen gingen sie am nächsten Tag von den Strafbaracken zum bereitstehenden Zug. Diesmal fand der Transport in Viehwaggons statt. Das war weniger üblich, als oft angenommen wird. Obwohl die kollektiven Erinnerungen an die Deportationen stark durch das Bild der Güter- und Viehwagen geprägt sind, fanden rund sechzig Prozent der Transporte aus Westerbork in Reisezugwagen statt. Es handelte sich in der Regel um ausrangierte Wagen der dritten Klasse. Erst im März 1943 verbot die SS-Führung den Einsatz von Personenwagen für die Deportationen nach Auschwitz und Sobibor.

Deportation nach Auschwitz-Birkenau

Die Fahrt von Westerbork nach Auschwitz dauerte drei Tage. In seinen späteren Erinnerungen schrieb Otto Frank darüber mit knappen Worten: «Während des schrecklichen Transports – 3 Tage in verschlossenem Viehwagen – war ich zum letzten Mal

Deportationstransport aus Westerbork

zusammen mit meiner Familie. Jeder von uns versuchte so tapfer zu sein wie möglich und den Kopf nicht hängen zu lassen. Nach Ankunft in Auschwitz-Birkenau wurde ich von meiner Familie getrennt.» Von einigen Zeugen, die im selben Waggon waren wie die Franks, kann man etwas mehr über die Fahrt erfahren. Wie sie berichten, bekamen die Häftlinge eine begrenzte Menge Lebensmittel mit, und im Waggon gab es einen Kübel für die Notdurft und ein Fass mit Trinkwasser, doch beides reichte schon bald nicht mehr aus. Als der Kübel überfloss, gelang es ein paar jungen Männern, ihn durch einen Türspalt zu leeren. Das Fass mit Trinkwasser konnte nicht aufgefüllt werden, sodass die Gefangenen am dritten Tag schrecklichen Durst und natürlich auch Hunger hatten.

In der Nacht vom 5. auf den 6. September 1944 kam der Zug an der Rampe von Auschwitz-Birkenau an. Männer und Frauen wurden hier voneinander getrennt. Lenie de Jong-van Naarden erinnerte sich an den Moment der Ankunft, als die Türen aufgerissen wurden und brüllende SS-Wachleute die Menschen mit

Hunden und Stöcken nach draußen trieben: «Das Geschrei aus den Lautsprechern teilte uns mit, daß wir das Gepäck zurücklassen und uns mit unserem Handgepäck aufstellen müßten, Frauen auf die eine Seite, Männer auf die andere, und los. Es war menschenunwürdig, wie sie uns bewachten, mit Peitschen, mit Hunden, am besten wäre man tot umgefallen. Aber wenn man das nicht tat, mußte man sich eben bewegen.»

Während Otto Frank, Fritz Pfeffer und Hermann und Peter van Pels in das Männerlager in Auschwitz I gebracht wurden, blieben die Frauen in Auschwitz II (Birkenau), wo sie im Frauenlager interniert wurden. Der riesige Auschwitz-Komplex, der außer diesen beiden Bereichen auch noch Auschwitz III (Monowitz und einige Außenlager) umfasste, war das wichtigste Zentrum des organisierten Massenmordes an den europäischen Juden. Das Lager befand sich in diesem Sommer 1944 in einer Übergangsphase. Während es bis Juni primär im Zeichen von Massenmord stand, wurde – aufgrund des Drucks auf Heinrich Himmlers SS, einen größeren Beitrag zur deutschen Kriegsindustrie zu leisten – Zwangsarbeit immer wichtiger. Zwar änderte sich wenig an den dramatisch schlechten Umständen im Lager, doch es bedeutete, dass die «Selektion» der Gefangenen, die «arbeitsfähig» waren, weniger streng verlief als zuvor und die Gefahr, sofort vergast zu werden, geringer geworden war.

Die «Selektion» fand unter der Aufsicht eines der Lagerärzte von Auschwitz-Birkenau statt, der darüber entschied, wer sofort ermordet werden sollte und wer dazu geeignet schien, Zwangsarbeit zu leisten. Die Kriterien waren nicht festgelegt und variierten in verschiedenen Phasen, doch im Allgemeinen wurden Kinder unter sechzehn, Schwangere, Mütter mit kleinen Kindern und Erwachsene über fünfzig in die Gaskammer geschickt, so wie andere Erwachsene, die einen geschwächten Eindruck machten.

Pro Transport wurden anfangs nur zehn bis dreißig Prozent der Menschen zur Arbeit ausgewählt. Beim Transport vom 3. September 1944 war der Prozentsatz erheblich höher, ein deutliches Anzeichen dafür, dass die Kriterien erweitert worden waren. Von den 1019 Menschen, die mit der Familie Frank nach Auschwitz gekommen waren, mussten mehr als fünfundsechzig Prozent Zwangsarbeit leisten. Dazu gehörten auch die fünfzehnjährige Anne Frank und die anderen sieben Untergetauchten.

Nach dieser «Selektion» wurde Anne zusammen mit den anderen Frauen in der Lagerverwaltung registriert. In der sogenannten Zentralsauna mussten sie sich ausziehen und ihre letzten Habseligkeiten abgeben. Sie wurden kahl geschoren, mit einem Desinfektionsmittel besprüht und erhielten eine Lagernummer, die ihnen von einer Gefangenen auf den linken Unterarm tätowiert wurde. Dann trieb man sie in einen Duschraum, und sie erhielten aus einem großen Haufen willkürlich ein paar gebrauchte Kleidungsstücke, da die offizielle Lagerbekleidung inzwischen nicht mehr in Gebrauch war.

Die Zeugin Bloeme Emden gehörte ebenfalls zu dieser Gruppe von Häftlingen und beschrieb die chaotischen und erniedrigenden Umstände: «Und wenn man dann aus der Dusche kam, konnte man seine Kleider nicht wiederfinden, also musste man sich was von dem Haufen nehmen und ein Paar Schuhe suchen. Und dann wurde man weitergetrieben. Nicht einfach gehen. Weitergetrieben, zu der Baracke, in der wir dann untergebracht waren. Dreistöckige Holzgestelle, die Platz für zehn Frauen boten. Also dreißig Frauen pro Einheit. Wenn nicht genug Platz war, mussten noch mehr rein. Die Fassungslosigkeit, die einen überkommt …»

Edith, Margot und Anne Frank und Auguste van Pels kamen in die Quarantänebaracke 29. Offiziell hatte die Quarantäne den Zweck, die Verbreitung ansteckender Krankheiten zu verhindern, in der Praxis jedoch ging es hauptsächlich darum, die Menschen dem Lagerreglement zu unterwerfen und weitere arbeitsunfähige Häftlinge zu identifizieren. Die Frauen mussten schwere, sinnlose Arbeit verrichten, etwa Steine und Grassoden schleppen, und bekamen kaum etwas zu essen, sodass viele von ihnen starben oder bald so geschwächt waren, dass sie bei einer erneuten «Selektion» in die Gaskammer geschickt wurden. Eine andere Methode, die Menschen in die Erschöpfung zu treiben und seelisch zu brechen, waren die Appelle. Zweimal täglich mussten sich die Frauen zum Zählen aufstellen, eine Prozedur, die oft Stunden dauerte.

Misshandlung von Häftlingen war an der Tagesordnung. Es wurde «furchtbar viel geprügelt», so Bloeme Emden. Auch sie wurde einmal besonders brutal zusammengeschlagen von einer der Aufseherinnen, vermutlich einer Kapo, einer mit der Bewachung beauftragten Gefangenen. «Die hat mich so fest geschlagen, dass mein Trommelfell gerissen ist. Davon habe ich viele Jahre ein eiterndes Ohr zurückbehalten.» Obwohl es keine direkten Zeugenaussagen gibt, dass Anne Frank selbst Opfer dieser Art Gewalt war, ist es wahrscheinlich, dass sie, Margot, Edith und Auguste ähnliche Erfahrungen machen mussten.

Während der Zeit in Auschwitz-Birkenau steckten Anne und Margot sich mit Krätze an. Jedenfalls geht aus mehreren Erklärungen hervor, dass die beiden Schwestern in den sogenannten «Krätzeblock» aufgenommen wurden. Die Umstände waren hier extrem schlecht. Die Kranken im «Krätzeblock» erhielten keine medizinische Behandlung, waren völlig isoliert und für Nahrungsmittel auf die Außenwelt angewiesen. Freunde und Angehörige versuchten oft, Essen und Kleidung hineinzuschmuggeln. Das galt auch für Edith Frank, die zusammen mit der Mutter von zwei anderen jungen Mädchen, die in derselben Krätzebaracke untergebracht waren, eine Möglichkeit fand, durch ein Loch im Boden Essen für ihre Töchter hineinzuschmuggeln.

Wie lange genau Anne und Margot im «Krätzeblock» waren, ist nicht bekannt, aber vermutlich wurden sie wieder gesund, und die beiden Schwestern wurden Ende Oktober wieder in die alte Baracke zu ihrer Mutter verlegt. Lange blieben sie jedoch nicht zusammen. Am 26. und 30. Oktober fanden mehrere große «Selektionen» statt. Nachdem am 26. Oktober 1944 etwa hundert Frauen nach Liebau in Schlesien und fünfzig nach Kratzau in Tschechien gebracht worden waren, wurden Anne und Margot vier Tage später, am 30. Oktober 1944, nach dem Abendappell für einen Transport nach Bergen-Belsen ausgewählt. In der «Zentralsauna» mussten sie mit den anderen

Frauen stundenlang nackt auf eine Musterung durch einen der Lagerärzte warten.

Die wichtigste Zeugin dieser «Selektion» ist Rosa de Winter-Levy. In ihren Erinnerungen beschrieb sie, wie Anne und Margot am 30. Oktober 1944 von ihrer Mutter Edith getrennt wurden, und in einem späteren Interview berichtete sie weitere Einzelheiten. Nachdem erst sie und dann Edith Frank zu den «Alten und Kranken» eingeteilt worden waren, kamen die beiden Mädchen an die Reihe: «Und Anne hatte ihr Gesicht, sogar unter dem Scheinwerfer noch, und sie stieß Margot an, und Margot ging auch aufrecht ins Licht, und da standen sie einen Augenblick, nackt und kahl, und Anne sah zu uns herüber, mit ihrem ungetrübten Gesicht und gerade, und dann gingen sie. Was hinter dem Scheinwerfer war, war nicht mehr zu sehen. Und Frau Frank schrie: Die Kinder! O Gott …»

Auch Auguste van Pels gehörte zu den für Bergen-Belsen aussortierten Häftlingen. Anne, Margot und sie wurden mit mehr als tausend anderen Frauen bis zum Transport am nächsten Tag, dem 1. November 1944, in eine Baracke gesperrt. Edith Frank blieb zusammen mit Rosa de Winter-Levy und den anderen Gefangenen im Frauenlager in Auschwitz zurück. Nicht lange danach erkrankte Edith Frank schwer und starb am 6. Januar 1945 in einer Krankenbaracke, vermutlich an Unterernährung und Entkräftung.

Im Konzentrationslager Bergen-Belsen

Am 1. November 1944 wurden Anne und Margot Frank, Auguste van Pels und etwa tausend andere Frauen in einem langen Zug mit überfüllten Güterwagen von Auschwitz-Birkenau zum Lager Bergen-Belsen in der Lüneburger Heide gebracht. «In unseren Augen konnte es nicht schlimmer werden. Nichts konnte schlimmer sein als Auschwitz», erklärte später die Zeugin Janny Brilleslijper, die auch unter den Frauen war. Es war wieder eine qualvolle Fahrt, die drei Tage und drei Nächte dauerte. Es herrschte winterliches Wetter, und Anne und Margot hatten keine warme Kleidung. Zudem hatten die

Frauen nur eine kleine Ration Essen und Wasser mitbekommen.

Das Konzentrationslager erfüllte im Laufe des Krieges verschiedene Funktionen. Es diente anfangs als Lager für sowjetische Kriegsgefangene und als «Austauschlager» für Juden mit einem Sonderstatus, zum Beispiel, weil sie die Staatsangehörigkeit eines neutralen Landes besaßen. Diese Gruppe war in Bergen-Belsen in dem sogenannten Sternlager interniert, das so bezeichnet wurde, weil die Insassen hier keine Lagerkleidung, sondern normale Kleidung mit einem «Judenstern» trugen. Ihnen wurde in Aussicht gestellt, dass sie gegen deutsche Kriegsgefangene ausgetauscht würden; tatsächlich geschah das jedoch nur in ganz wenigen Fällen.

Ab August 1944 benutzte die SS das Lager immer häufiger als Durchgangslager. Von Bergen-Belsen aus sollten Häftlinge zur Zwangsarbeit in Fabriken andernorts geschickt werden. Ab dem Sommer wurde das Lager auch zu einem Sammelplatz, zu dem kranke und geschwächte jüdische KZ-Häftlinge gebracht wurden. Man überließ sie hier ihrem Schicksal in der Erwartung und Hoffnung, dass sie schnell sterben würden. Die Sterblichkeit war immens und erreichte ihren Höhepunkt im März 1945. Von den 45 500 Häftlingen in Bergen-Belsen, die Anfang März noch lebten, waren im April 18 000 umgekommen.

Am 3. November 1944 kamen Anne und Margot und Auguste van Pels in Bergen-Belsen an. Sie wurden in einem provisorischen, völlig überfüllten Zeltlager untergebracht. Die hygienischen Verhältnisse waren erbärmlich. Die Zelte waren im Winterwetter völlig untauglich und wurden am 7. November 1944 von einem heftigen Sturm zerrissen und zum Einsturz gebracht. Die Frauen lagen in dieser Nacht im strömenden Regen in der Kälte, fast ohne Kleidung und Decken. Aus den vielen Berichten über dieses Ereignis ergibt sich ein Bild von unvorstellbarem Chaos und Elend.

Schließlich kamen Anne, Margot und Auguste in eine überfüllte Baracke im sogenannten Kleinen Frauenlager, wo sie einige Bekannte aus Auschwitz wiederfanden, darunter die Schwesternpaare Janny und Lien Brilleslijper und Ellen und An-

nelore Daniel. Auch Rachel Frankfoorder sah die Schwestern
Frank hier wieder. Sie erinnerte sich daran, dass Anne und Margot schon stark geschwächt waren. Sie hätte sie fast nicht wie-
dererkannt, da sie kaum noch Haare auf dem Kopf hatten: «Sie
waren viel kahler als wir, warum das so war, weiß ich nicht.
Und sie froren, genau wie wir alle. Es war Winter, und man
hatte keine Kleidung. Die besten Voraussetzungen, krank zu
werden. Sie waren besonders schlimm dran.» Das Kleine Frauenlager, in dem Anne und Margot eingesperrt waren, war mit
einem hohen Stacheldrahtverhau vom «Sternlager» getrennt,
wo die Versorgung mit Nahrung und Kleidung etwas besser
war.

Obwohl Kontakte zwischen den beiden Lagerbereichen verboten waren, kam es regelmäßig dazu. Gefangene aus dem
Frauenlager gingen bei Einbruch der Dunkelheit an den Zaun,
um sich mit Bekannten aus dem «Sternlager» zu treffen, auch,
um so vielleicht an zusätzliche Kleidung und Nahrung zu kommen. Unter diesen Bekannten war auch Annes Freundin Hannah Goslar aus Amsterdam, die seit Januar 1944 mit ihrem Vater, ihrer Großmutter und ihrer kleinen Schwester in diesem
Bereich von Bergen-Belsen war.

Ende Januar oder Anfang Februar 1945 erzählte ihr jemand,
dass ihre Freundin Anne im Frauenlager sei. Hannah war zu
diesem Zeitpunkt noch davon überzeugt, Anne sei mit ihrer Familie in die Schweiz geflüchtet. Als sie zum Zaun ging und sich
erkundigte, kam sie schon bald mit Auguste van Pels in Kontakt. Sie unterhielten sich kurz, und Auguste versprach ihr,
Anne zu holen. Sie erzählte Hannah auch, Margot sei nicht
mehr imstande, zum Zaun zu kommen. «Und wirklich, nach
etwa fünf Minuten eine ganz schwache Stimme, und es war
Anne. Zuerst haben wir beide geweint und dann sage ich: ‹Wie
kommst du hierher? Ich hatte gehofft, du bist in der Schweiz bei
deiner Großmutter.› Und Anne sagt: ‹Wir haben es nie versucht,
wir hatten uns in Vaters Büro versteckt und sind verraten worden.›»

Sie verabredeten, dass Hannah am nächsten Tag ein Päckchen mit Lebensmitteln über den Zaun werfen würde. Ihre Fa-

milie hatte kurz zuvor ein Paket vom Roten Kreuz erhalten, und sie konnte eine kleine Menge der Sachen darin entbehren. Wie mehrere Zeuginnen bestätigen, scheiterte dieser erste Versuch. Eine andere Frau fing das Päckchen auf und lief damit davon. Bei einem zweiten Versuch ein paar Tage später klappte es dann, und Anne bekam doch noch ein wenig zu essen von Hannah. Das war ihre letzte Begegnung. Vermutlich wurden Anne und Margot irgendwann in dieser Zeit in einen anderen Bereich des Lagers verlegt.

Zum Zeitpunkt der Begegnung waren Anne und Margot Frank bereits schwer krank. Nach den Aussagen mehrerer Zeuginnen, die sie in den letzten Wochen ihres Lebens noch sahen, hatten sich die Schwestern mit epidemischem Fleckfieber angesteckt. Zahlreiche Gefangene in Bergen-Belsen starben an dieser Krankheit, die von infizierten Kleiderläusen übertragen wird. Nach dem Auftreten von ersten schweren Krankheitssymptomen wie Halluzinationen und Hirnhautentzündung sterben Infizierte ohne ärztliche Behandlung mit großer Wahrscheinlichkeit nach zwei bis drei Wochen. Auf der Grundlage dieses Krankheitsbildes und einer Analyse der vorhandenen Berichte von Zeuginnen lässt sich Anne und Margot Franks Tod auf Anfang Februar 1945 datieren.

Rachel Frankfoorder und Nanette Blitz erinnerten sich, dass Anne und Margot im Januar 1945 bereits sehr krank waren. «Man sah sie wirklich sterben, beide», sagte Rachel Frankfoorder später. Sie berichtete, wie die typischen Symptome von Fleckfieber immer deutlicher bei den beiden Mädchen voranschritten. Sie zeigten «eine Art Apathie, vermischt mit Aufleben, bis auch sie so krank wurden, daß es keine Hoffnung mehr gab». Kurze Zeit später fiel ihr auf, dass sie Anne und Margot nicht mehr sah, und nahm an, die beiden seien umgekommen. Nanette Blitz erinnert sich an den gleichen Zeitraum: «Ich glaube, Margot konnte nicht mehr aufstehen. Ich habe gesehen, dass sie dort lag. Anne habe ich umarmt, aber ich kann mich nicht erinnern, dass Margot aufgestanden ist, sie war schon völlig geschwächt. (...) Sie war schon halb nicht mehr da, völlig geschwächt ... Aber Anne, mit der habe ich noch gesprochen, mehrmals, und ich glaube, jedes Mal, wenn sie kam, dann war, dann lag Margot dort in einer Baracke. (…) Nicht lange danach starben sie, kurz nacheinander: Margot ist zuerst gestorben. Ich glaube, dass sie von ihrer Pritsche gefallen ist, sie ist runtergefallen und Anne ist am Tag darauf gestorben.»

Von den acht Untergetauchten aus dem Hinterhaus kehrte nur Annes Vater Otto aus den Lagern zurück. Edith starb, wie bereits erwähnt, Anfang Januar 1945 in Auschwitz-Birkenau. Hermann van Pels wurde, vermutlich am 3. Oktober 1944, in einer der Gaskammern des Lagers ermordet, nachdem er sich an der Hand verletzt hatte und nicht mehr arbeiten konnte. Seine Frau Auguste, die Anne und Margot am 7. Februar in Bergen-Belsen zurücklassen musste, kam zwischen dem 9. und 16. April 1945 während eines langen Eisenbahntransports von Raguhn (einem Außenlager von Buchenwald) nach Theresienstadt um.

Peter van Pels starb in Mauthausen. Als im Januar 1945 die sowjetische Armee näher rückte, wurde Auschwitz geräumt, die SS ließ nur die kranken Insassen zurück. Peter van Pels wurde mit einem der sogenannten «Todesmärsche» von Auschwitz in das KZ Mauthausen in der Nähe von Linz geschickt und von dort aus ins Außenlager Melk, wo er in einer unterirdischen Fabrik schwere Zwangsarbeit leisten musste. Er starb am 10. Mai an Krankheit und Entkräftung in der Krankenbaracke von Mauthausen, wenige Tage nach der Befreiung des Lagers am 5. Mai durch die Amerikaner. Fritz Pfeffer war bereits eher aus Auschwitz verlegt worden. Im November 1944 kam er im Lager Neuengamme bei Hamburg an. Er musste dort schwere Zwangsarbeit verrichten und wurde kurze Zeit später krank. Am 20. Dezember 1944 starb er an den Folgen von Erschöpfung und Krankheit.

6. Otto Franks Rückkehr, 1945–1947

Von Auschwitz über Odessa nach Amsterdam

Alle in Auschwitz, Häftlinge und Aufseher, hörten seit Januar 1945, dass die Geräusche von Artilleriekämpfen im Osten lauter wurden. Inzwischen war klar, dass die sowjetische Armee die Oberhand gewinnen würde. Die Frage war, ob dieser Sieg für die Gefangenen in Auschwitz, Birkenau und den Außenlagern noch rechtzeitig käme.

Als Otto Frank im Lager ankam, war er fünfundfünfzig Jahre alt. Zusammen mit anderen Männern wie dem gleichaltrigen Fritz Pfeffer schaufelte er Kies aus dem Fluss und arbeitete bei der Anlage von Schotterstraßen. Die Schwerstarbeit und das karge Essen forderten auch in seinem Fall Tribut. Nach einigen Monaten, irgendwann im November 1944, brach er zusammen. Dem niederländischen Chirurgen Samuel Kropveld gelang es, ihn in Absprache mit einem Prager Neurologen in die Krankenbaracke aufzunehmen. Otto Frank führte sein Überleben später darauf zurück, denn als Patient blieb er nun von der zermürbenden Arbeit, den Misshandlungen und der Kälte verschont. Zudem bekam er in der Krankenbaracke oft Besuch von Peter van Pels. Peter «hat wie ein Sohn alles getan, um mir zu helfen. Täglich brachte er mir zusätzliche Nahrung». Dank seiner Tätigkeit in der Paketstelle kam Peter relativ einfach an diese Lebensmittel.

Nachdem Ende 1944 bereits große Gruppen weiblicher Häftlinge zur Zwangsarbeit in der Industrie ins sogenannte Altreich geschickt worden waren, wurde einige Monate später die völlige Räumung beschlossen. Im Januar 1945 begann sie mit den berüchtigt gewordenen Todesmärschen. Viele Gefangene sahen darin eine Überlebenschance, andere hofften, dableiben zu können, und setzten auf das rechtzeitige Eintreffen der anrückenden Roten Armee.

Auch Otto Frank und Peter van Pels schätzten die Lage unterschiedlich ein. Otto wollte bleiben, während Peter eine größere Überlebenschance sah, wenn er mitging. Otto blieb zurück und Peter verließ am 18. Januar mit einer großen Gruppe von fast sechstausend Häftlingen das Lager zu Fuß in Richtung Westen. Er war dank seiner privilegierten Stellung bei der Paketverteilung in relativ guter körperlicher Verfassung, anders als viele seiner Leidensgefährten. Wie im vorigen Kapitel beschrieben, konnte ihn das jedoch nicht retten.

Otto Frank blieb mit anderen Kranken und Geschwächten in der Krankenbaracke zurück. Ab dem 18. Januar verschwanden zum Erstaunen der verbliebenen Insassen die SS-Wachleute aus dem Lager. Die Gefangenen wagten sich aus den Baracken, um nach etwas Essbarem zu suchen, und aus dem Lager hinaus, um Trinkwasser zu finden. Nachdem sie sich einige Tage selbst versorgt hatten, tauchte am 26. Januar plötzlich wieder eine SS-Einheit auf. Die Häftlinge mussten sich draußen aufstellen und sollten erschossen werden. Als unerwartet schnelle Bewegungen der sowjetischen Truppen den Abzug der SS zu verhindern drohten, flüchteten die SS-Leute jedoch eilig. So kamen die Zurückgebliebenen gerade noch mit dem Leben davon. Am folgenden Tag rückte die Rote Armee ins Lager ein und mit ihr das polnische Rote Kreuz.

In der Zeit um die Befreiung des Lagers bekam Otto Frank ein Notizbuch und einen Bleistift in die Hände und begann, die Ereignisse mit knappen Worten festzuhalten. Am 26. Januar, dem Tag, an dem sich fast der Massenmord an den Zurückgebliebenen vollzogen hätte: «Apell». Und am 27., dem Tag der Befreiung: «Ruski».

Das Büchlein sollte ihm in den folgenden Wochen und Monaten dazu dienen, Einzelheiten über die Heimreise aufzuschreiben. Er notierte auch die Namen und Daten vieler Menschen, die er in den vergangenen Monaten kennengelernt hatte. Ein Teil von ihnen war mit den Franks im Transport aus Westerbork gewesen, und viele lebten nicht mehr. Andere schrieben offenbar selbst ihre Namen und Adressen auf, denn in dem Notizbuch finden sich verschiedene Handschriften. Am 16. Februar gab es eine Filmvorführung, und am Tag darauf findet sich die Notiz: «Erster Spaziergang im Freien». Ein Lebenszeichen an seine Mutter schrieb er am 23. Februar auf Briefpapier des Lagers Auschwitz.

Die Bewegungsfreiheit der Überlebenden war vorläufig noch ziemlich eingeschränkt. Die ehemaligen Häftlinge sahen sich manchmal im nahe gelegenen Städtchen Oświęcim um, doch da weiter westlich noch immer der Krieg wütete, ließ die Rückkehr ins Heimatland, die sogenannte Repatriierung, auf sich warten. Außerdem besaßen die meisten so gut wie nichts und schon gar nicht Pässe oder andere Papiere. Otto Frank besaß, wie er es später einmal ausdrückte, nichts als die Lagernummer auf seinem Arm.

Am 5. März war es dann endlich so weit. Eine große Gruppe niederländischer Bürger fuhr mit dem Zug nach Katowice. In dieser Stadt endete vorläufig die erste Etappe in Richtung Heimat. Weit waren sie noch nicht gekommen, Katowice war kaum 25 Kilometer von Auschwitz entfernt. Otto Frank schrieb während des wochenlangen Aufenthalts in Katowice mehrmals an seine Familie in der Schweiz. Und er trat in Kontakt mit Einwohnern der Stadt. In seinem Notizbuch erwähnt er mehrmals die Gastfreundschaft und Hilfsbereitschaft, die er von den Polen erfuhr. Es entstanden freundschaftliche Beziehungen, die er sein Leben lang aufrechterhielt. Während dieses Aufenthaltes begegnete er auch Rosa de Winter-Levy und erfuhr von ihr, dass seine Töchter von ihrer Mutter getrennt worden waren und dass sie Zeugin von Ediths Tod gewesen sei. «Herr Frank rührte sich nicht, als ich es ihm sagte», berichtete sie später.

In der Nacht vom 1. auf den 2. April ging es zunächst weiter Richtung Osten bis Czernowitz in der Ukrainischen Sowjetrepublik. Auch hier gab es freundschaftliche Kontakte zur lokalen Bevölkerung. Otto notierte in seinem Buch, dass er auf dem Markt eine Decke verkaufte, um Geld für Äpfel und Kartoffeln zu haben. Natürlich schwarz, und die Russen erwischten ihn. «Noch mal gutgegangen», resümierte er lakonisch. Über die Abreise aus der Stadt schrieb Rosa de Winter-Levy: «Es waren angenehme Tage in Czernowitz. Manch ein junger Mann lässt dort eine Freundin zurück, die ihn nur ungern weiterziehen lässt.»

Trotz der scheinbar optimistischen Stimmung kam unter den Heimreisenden bald große Unruhe auf. Es kursierte das Gerücht, etwa siebzig in Deutschland Geborene dürften nicht in die Niederlande zurück und müssten sich unterwegs irgendwo von den anderen trennen. Da die niederländische Regierung die Ausbürgerung durch das Naziregime nicht anerkannte, waren sie nach dieser Rechtsauslegung nicht staatenlos, sondern Deutsche und damit «vijandelijke onderdanen», Bürger eines Feindstaates. Zu dieser Gruppe gehörte auch der in Frankfurt am Main geborene Otto Frank. Am folgenden Tag durften sie zwar mit, doch das Problem, als Bürger eines Feindstaates zu gelten, begleitete Otto Frank noch jahrelang.

Die nächste Etappe der langen Reise dauerte drei Wochen und führte durch Polen und die Weißrussische Sowjetrepublik wieder in die Ukrainische Sowjetrepublik, wo die Gruppe am späten Abend des 23. April in der Hafenstadt Odessa ankam. Gut ein Jahr zuvor hatte Anne in ihrem Tagebuch über die vorrückende Rote Armee geschrieben: «Kurz vor Odessa stehen sie.» (*Tagebuch A*, 31. März 1944) Nun kam ihr Vater mit seinen Schicksalsgefährten dort an. Ihr Aufenthalt in der Stadt begann mit einem kilometerlangen Fußmarsch, schwer bepackt, zu einer Kaserne, die in der nächsten Zeit ihre Unterkunft sein würde.

In Odessa mussten die Heimreisenden erneut Geduld haben und auf ein Schiff warten. Sie erlebten die Wartezeit auf unterschiedliche Weise. Ein damals siebzehnjähriges Mädchen aus der Gegend des Amsterdamer Oosterpark traute sich nicht allein in die Stadt. «Sie konnten einen schnappen, man musste aufpassen.» Otto fühlte sich freier und war oft unterwegs. Er notierte viele Eindrücke in seinem Büchlein. Über Menschen, denen er begegnete und die ihm halfen oder ihm etwas zu essen gaben, Badehäuser, die er besuchte, gesundheitliche Beeinträchtigungen, an denen er litt.

Zu den willkommenen Ablenkungen unterwegs gehörten die Geburtstage von Reisegefährten. Ein Mann aus Rotterdam feierte seinen siebenundsechzigsten Geburtstag, ein außergewöhnlich hohes Alter für einen Auschwitz-Überlebenden. Am 12. Mai feierte Otto Frank selbst Geburtstag. Er wurde sechsundfünfzig und notierte: «Lievendag gratuliert». Salomon Lievendag war eine gute Woche später selbst an der Reihe: «Lievendag Geburtstag». Zunehmend kam jedoch Langeweile auf unter den Rückkehrern, und auch der Unmut wuchs. Letzteres wurde deutlich, als die Gruppe wieder einmal umquartiert werden sollte. Die neue Unterkunft war in einem so schlechten Zustand, dass es, so Otto, zu einem Sitzstreik kam. Vier Tage darauf lag das niederländische Schiff «De Nijkerk» im Hafen, doch viel Grund zur Freude war das nicht. Otto Frank schrieb: «Wenig Hoffnung, dass wir mitdürfen. Protesttelegramm an die Botschaft wegen Benachteiligung der Niederländer gegenüber den Franzosen.»

Und dann war da das neuseeländische Schiff «Monowai». Ein komfortables Passagierschiff, das in aller Schnelle zu einem Truppentransporter umgerüstet worden war und am D-Day und danach mehrmals hin- und hergefahren war, um alliierte Truppen in Frankreich an Land zu bringen. Danach wurde das Schiff zur Repatriierung von Kriegsgefangenen und Lagerüberlebenden eingesetzt. Am 21. Mai verließ es Odessa. Während der Seereise schrieb Otto wieder Briefe an seine Verwandten in London und Basel. Im Bewusstsein, dass er Witwer war, schrieb er seiner Mutter: «Nur die Kinder, die Kinder zählen.»

Die Fahrt führte über das Schwarze Meer, durch die Dardanellen und vorbei an Istanbul, am rauchenden Stromboli, an Sardinien und Korsika. Am 27. Mai legte die «Monowai» in der französischen Hafenstadt Marseille an. Dort wurden die Passagiere mit dem neuen Mittel DDT desinfiziert, und nach einem Empfang mit Essen und Wein ging es per Eisenbahn weiter. Ein paar Tage später und nach einer weiteren Desinfektion endete die Zugfahrt im niederländischen Roermond an der Maas. Da zahlreiche Brücken über die großen Flüsse und fast alle Bahngleise zerstört waren, war es nicht einfach, von dort aus weiterzukommen. Trotz der ungünstigen Umstände erreichte Otto schließlich über Rotterdam und Utrecht am 3. Juni Amsterdam.

Bei der Registrierung der Rückkehrer in Marseille hatte Otto Frank den französischen Behörden als Reiseziel die Anschrift von Jan und Miep Gies angegeben: «25 Rue Hunze» in Amsterdam. Dorthin begab er sich sofort nach seiner Ankunft in der Stadt. Eine andere Bleibe hatte er nicht, und er sollte dann noch sieben Jahre lang mit ihnen an verschiedenen Adressen zusammenwohnen.

Das Amsterdam, in das Otto Frank nach den zehn Monaten seiner Abwesenheit zurückkehrte, hatte sich verändert. Im Vergleich zu Rotterdam, Middelburg, Arnheim oder Eindhoven hatte die Stadt relativ geringe Zerstörungen erlitten. Die Straßenbahngleise waren noch vorhanden und die Läden waren geöffnet. Nur wurden die Schienen aus Mangel an Material und Elektrizität kaum befahren, und die Läden hatten kaum Waren anzubieten. Dagegen war Amsterdam die Stadt, in der die Deportation der jüdischen Bevölkerung der Niederlande die tiefsten Spuren hinterlassen hatte. In Teilen der Innenstadt zeugten größere und kleinere Brachen und Ruinen davon, dass die Bevölkerung im letzten Kriegswinter das Holz aus den verlassenen Wohnungen herausgerissen hatte, um es als Brennstoff zu verwenden.

Im Flussviertel, wo Otto Frank und seine Familie mehr als acht Jahre gewohnt hatten, standen die Häuser noch. Doch viele Tausende der jüdischen Bewohner, darunter ein großer Teil ihres engeren sozialen Umfeldes, lebten nicht mehr. In dieser Einsamkeit musste er nun seinem Leben einen neuen Inhalt geben.

Dass er Edith verloren hatte, wusste er bereits bei seiner Heimkehr nach Amsterdam. Er hoffte aber noch auf eine Wiedervereinigung mit seinen Kindern. Otto studierte täglich die unter anderem von der *Joodse Contact Commissie* (Jüdische Kontaktkommission) geführten Listen der neu angekommenen Rückkehrer und fragte herum, ob jemand etwas über seine Töchter wisse.

Es war Mitte Juli, als er mit den zwei Schwestern Brilleslijper in Kontakt kam, die mit Anne und Margot in Bergen-Belsen gewesen waren. Er besuchte sie in Laren, und sie berichteten ihm, dass seine beiden Töchter in dem unbeschreiblichen Chaos des Lagers an Fleckfieber gestorben waren.

Die Mission eines Überlebenden

Nachdem feststand, dass Anne und Margot nicht mehr zurückkehren würden, übergab Miep Gies Annes Tagebücher und Schriften ihrem Vater. Sie hatte sie zusammen mit Bep Voskuijl nach der Verhaftung der Untergetauchten im Hinterhaus gefunden und die ganze Zeit für Anne aufbewahrt. Sein weiteres Leben sollte Otto Frank der Verbreitung des Tagebuchs seiner Tochter und des Gedankenguts, das er daraus herleitete, widmen.

Neben dieser Mission, mit der er Versöhnung und Verständnis zwischen den Menschen fördern wollte, nahm er seine Geschäftstätigkeit aus der Vorkriegszeit wieder auf. Nach einiger Zeit belastete es ihn immer mehr, dass er in der Prinsengracht ständig mit seinen Erinnerungen konfrontiert wurde. Im Sommer 1952 zog er nach Basel, um seiner Schwester und seiner Mutter näher zu sein.

Doch er kam regelmäßig in die Niederlande zurück. Ende 1949 hatte er die niederländische Staatsangehörigkeit erworben und behielt sie sein Leben lang. Im November 1953 heiratete er in Amsterdam erneut. Seine zweite Frau Elfriede «Fritzi» Geiringer-Markovits hatte ab Anfang 1940 gegenüber der Familie Frank gewohnt und mit ihrer Tochter Auschwitz überlebt. Ihr Mann und ihr Sohn waren auf dem Todesmarsch nach Mauthausen umgekommen. Nach der Hochzeit zog auch Fritzi in die Schweiz.

In seiner neuen Umgebung befasste sich Otto Frank vor allem damit, die internationale Aufmerksamkeit für das Werk seiner Tochter Anne zu fördern. In den USA, in Großbritannien, Frankreich, Deutschland und einigen anderen Ländern waren inzwischen Übersetzungen des Tagebuchs auf Grundlage der niederländischen Erstveröffentlichung von 1947 erschienen. Mit zahlreichen Verlagen in anderen Ländern führte er intensive Gespräche. Außerdem beriet er sich mit interessierten Personen über eine Bühnenadaption. Das Theaterstück wurde dann auch realisiert und trug stark dazu bei, dass die Geschichte der Versteckten im Hinterhaus weltweit bekannt wurde.

Um die Zeit von Otto Franks Auswanderung in die Schweiz drohte das alte Firmengebäude an der Prinsengracht den Modernisierungen zum Opfer zu fallen, die mit der damaligen städtebaulichen Erneuerung einhergingen. Jahrelange Bemühungen, das stark verfallene Haus zu erwerben und als Museum zu öffnen, führten 1957 zur Gründung der Anne Frank Stiftung. Nach einer grundlegenden Sanierung wurde das Anne Frank Haus 1960 für Besucher eröffnet. Otto Frank war an diesen Initiativen stark beteiligt. Parallel zur Eröffnung des Hauses als Museum ergriff er 1963 die Initiative zur Gründung eines Anne Frank Fonds in Basel. Diese Organisation erhielt die Aufgabe, die Urheberrechte am Tagebuch und die Einnahmen daraus zu verwalten.

Aus aller Welt erhielt Otto Frank Briefe von Lesern des Tagebuchs. Einen großen Teil seiner Zeit verbrachte er damit, diese Briefe zu beantworten, auch noch im hohen Alter. Otto Frank starb am 19. August 1980 in dem Baseler Vorort Birsfelden.

7. Das Rätsel um die Verhaftung

Auf der Suche nach einem Verräter

Kurz nach seiner Rückkehr nach Amsterdam schrieb Otto Frank an Verwandte, er wolle herausfinden, wer das Versteck im Hinterhaus verraten haben könnte. Der Gedanke an Verrat war nicht aus der Luft gegriffen; in der Besatzungszeit waren zahlreiche Menschen auf diese Weise in die Fänge der deutschen Behörden geraten. Otto Frank und seine ehemaligen Helfer wandten sich in dieser Sache an das Nationale Sicherheitsbüro (Bureau Nationale Veiligheid), einen 1945 gegründeten Nachrichtendienst, der unter anderem Kollaboration aufdecken sollte. Sie konnten der Behörde die Namen von drei beteiligten Polizisten nennen: des Österreichers Karl Josef Silberbauer und der Niederländer Willem Grootendorst und Gezinus Gringhuis. Die beiden Niederländer befanden sich bereits in Haft und wurden bei einer Gegenüberstellung erkannt. Für ihre Taten im Dienst der Besatzungsmacht erhielten sie lange Haftstrafen, kamen jedoch Ende der fünfziger Jahre vorzeitig frei. Von Silberbauer war zu diesem Zeitpunkt nur bekannt, dass er die Niederlande noch während der Besatzungszeit verlassen hatte.

Otto Frank und die Helfer hatten auch einen Verdächtigen im Auge, und zwar Willem van Maaren, jenen Mann, der um den März 1943 herum als Nachfolger von Lagermeister Johan Voskuijl eingestellt worden war und fast eineinhalb Jahre in der Firma gearbeitet hatte. Das Verhältnis zwischen van Maaren und den Büroangestellten war alles andere als gut gewesen, und sie hatten ihre Befürchtungen mit den heimlichen Bewohnern des Hinterhauses besprochen. Anne kannte ihn zwar nur vom Hörensagen, dichtete ihm in ihrem Tagebuch am 5. August 1943 aber eine «dunkle Vergangenheit» an. Gut einen Monat später notierte sie: «Eine weitere Sache, die uns nicht aufmuntert, ist die, dass der Lagerarbeiter van Maaren stutzig wird in Sachen

Hinterhaus. (...) Es könnte uns egal sein, was Mijnheer van Maaren von der Situation denkt, wenn der Mann nicht als wenig vertrauenswürdig bekannt und ausgesprochen neugierig wäre, sodass er sich nicht so leicht abspeisen lässt.» (*Tagebuch B*, 16. September 1943) Van Maaren war aufgefallen, dass sich nach Geschäftsschluss noch jemand im Gebäude aufhielt. Er hatte das mehrmals gegenüber Victor Kugler erwähnt, der später den Ermittlern erklärte: «Für uns steht fest, dass in dieser Sache Verrat im Spiel war, und wir verdächtigen einen gewissen van Maaren.»

Anfang 1948 begann die *Politieke Recherche Afdeling* (etwa: Politischer Fahndungsdienst) in Amsterdam mit den Ermittlungen. Die Beamten vernahmen mehrere direkt und indirekt beteiligte Personen. Sie gaben sich sehr viel Mühe und fuhren sogar nach Antwerpen, um Zeugen zu befragen. Wesentliche Erkenntnisse konnten sie jedoch nicht gewinnen. Niemand konnte konkrete Fakten nennen, die van Maaren belastet hätten. 1949 stand van Maaren zwar vor Gericht, doch aufgrund der dürftigen Beweislage wurde das Verfahren eingestellt.

Damit war der Gedanke an Verrat nicht aus der Welt geräumt. In den folgenden Jahren wurde Anne Franks Geschichte durch die Veröffentlichung ihres Tagebuchs immer bekannter. Das vom Tagebuch inspirierte Bühnenstück, das zudem in einer großen Hollywood-Produktion verfilmt worden war, suggerierte, ein Dieb habe die Untergetauchten bemerkt. Der habe sie dann, um seine Haut zu retten, bei der Polizei denunziert. Auf diese Weise trugen das sehr populäre Theaterstück und der Spielfilm dazu bei, den Gedanken an einen Verrat zu verbreiten.

«Es wird Ihnen auch bekannt sein, dass am 4. August 1944, drei Tage nach dem letzten Tagebucheintrag, die Sicherheitspolizei in Amsterdam, durch Verrat über die Anwesenheit der jüdischen Landsleute im Hinterhaus im Bilde, eine Razzia durchführte und alle Untergetauchten und deren Beschützer verhaftete.» Im Juli 1957 sprach der ehemalige Widerstandskämpfer Floris Bakels, nun Vorsitzender der noch jungen Anne Frank Stiftung, mit großer Überzeugung von Verrat als Erklärung für den Polizeieinsatz. Er äußerte diese Ansicht auf einer Pressekon-

ferenz im Rahmen des Fundraising für die Sanierung des stark
verfallenen Verstecks. Zu diesem Zeitpunkt stand über die Vorgänge rund um die Verhaftung der acht Menschen im Hinterhaus nur wenig mit Sicherheit fest.

Um dieselbe Zeit herum erhielt die Anne Frank Stiftung einen
konkreten Hinweis auf einen Notar, der ab 1941 eine Funktion
im «Judenrat» innegehabt hatte. Angeblich hatte er über Listen
mit Versteckadressen verfügt und vom Hinterhaus gewusst. Wie
er an die Daten für diese Listen gekommen sein soll, blieb nebu-
lös. Die schriftliche, anonyme Beschuldigung enthielt keinerlei
konkreten Beweis. Der Beschuldigte war inzwischen verstor-
ben, konnte also nicht mehr befragt werden. Auch weil der Notar seinerzeit als «goed» gegolten hatte, also nicht der Kollaboration verdächtigt worden war, maßen die Vorstandsmitglieder,
aber auch Historiker, der Bezichtigung kein großes Gewicht bei.
Im Januar 2022 ging ein multidisziplinäres «Cold Case»-Team
mit einer Nachricht über den Notar an die Öffentlichkeit. Im
Rahmen langwieriger Ermittlungen, die von einem ehemaligen
FBI-Agenten geleitet wurden, hatten sie eine Kopie der Anschul-
digung im Nachlass eines damals mit dem Fall befassten Kriminalbeamten gefunden. Das Buch, das auf diesen Ermittlungen
fußt, behauptet auf wenig überzeugende Weise, der Notar sei
bereits 1945 des Verrats bezichtigt worden. Doch damit ist
noch kein Beweis für die Richtigkeit der anonymen Beschuldigung erbracht. Mehrere Historiker haben inzwischen gezeigt,
dass der Beweis für die These, der Notar aus dem «Judenrat»
sei der Verräter gewesen, nicht stichhaltig ist. Das Buch erregte
auch deswegen Aufsehen, weil die Behauptung, ein Jude sei der
Verräter gewesen, geeignet ist, antisemitische Klischees zu bestätigen.

Im Sommer 1963 kam Simon Wiesenthal, der bekannte jü-
disch-österreichische Holocaustüberlebende, Architekt, Publi-
zist und Schriftsteller, der weltweit nach Tätern des Holocaust
forschte, dem ehemaligen SD-Mann Karl Josef Silberbauer, der
die Verhaftung geleitet hatte, auf die Spur. Silberbauer war bereits seit vielen Jahren wieder bei der Wiener Polizei tätig. Die
österreichischen Behörden forderten Silberbauer auf, seine Er-

innerungen an den Fall im Jahr 1944 schriftlich festzuhalten. Ein Element aus Silberbauers Bericht hatte Folgen, die bis zum heutigen Tag nachwirken: Die Hausdurchsuchung erfolgte laut Silberbauer aufgrund eines von «einem Holländer» getätigten Anrufs bei seiner Dienststelle. Er bemerkte dazu noch, «wenn mich meine Erinnerung nicht allzusehr trügt». Er fügte hinzu, er hätte die ganze Angelegenheit vergessen, wenn das Tagebuch nicht so viel öffentliche Aufmerksamkeit erhalten hätte.

Das weltweite Interesse am Fall Silberbauer rückte auch van Maaren wieder ins Rampenlicht. Die niederländische Kriminalpolizei, die bei den Verhören des Wiener Polizisten eng eingebunden war, nahm die Ermittlungen gegen den ehemaligen Lagerarbeiter wieder auf. Dabei wurden auch einige neue Zeugen befragt und mehrere neue Spuren verfolgt. Aber auch jetzt ließ sich kein Beweis gegen van Maaren finden, und es kam zu keiner neuen Anklage. Der Verdacht blieb jedoch sein ganzes weiteres Leben an ihm haften. Das Verfahren gegen Silberbauer wurde nach Monaten gemeinsamer Beratungen eingestellt. Nach anfänglicher Suspendierung konnte er seine Arbeit bei der Wiener Polizei wieder aufnehmen.

Eine andere Möglichkeit

Schriftsteller, Wissenschaftler und Journalisten haben sich mit Anne Frank und den Menschen um sie herum beschäftigt und eigene Vermutungen darüber geäußert, wer der Verräter gewesen sein könnte. In einem Buch über die Helferin Bep Voskuijl etwa wurde die mögliche Rolle ihrer Schwester Nelly thematisiert, doch kein Verdacht ließ sich erhärten. Das Gleiche gilt für die vielen – teils anonymen – Hinweise, die das Anne Frank Haus und andere Wissenschaftler erreichten. Die Liste möglicher Verdächtiger ist lang, aber es gibt keinen Beweis. Der Hauptgrund dafür ist, dass eindeutige Quellen fehlen. Es war naheliegend, an Verrat zu denken. Nach der Befreiung und während des Wiederaufbaus herrschte im Land eine sehr starke Abneigung gegen ehemalige Mitglieder der nationalsozialistischen Partei in den Niederlanden und andere Personen, die als

Landesverräter galten. Nicht wenige machten sie kollektiv für den Verrat an ihren Mitbürgern verantwortlich.

Der von Otto Frank und den Helfern gegen van Maaren geäußerte Verdacht stützte sich vor allem auf das ihm entgegengebrachte Misstrauen. Konkrete Fakten, die ihn belasteten, konnten sie nicht vorbringen, und auch umfangreiche Ermittlungen der Justizbehörden ergaben keine Beweise. Aus späterer Korrespondenz geht jedoch hervor, dass sie den Verdacht nie ganz fallen ließen.

Das Untertauchen war eine weniger eindeutige Sache, als es auf den ersten Blick erscheinen mag. Es waren nicht immer Juden, die untertauchten. Es gab Soldaten, die 1943 der erneuten Kriegsgefangenschaft entgehen wollten, Arbeitspflichtige, die nach einem Urlaub nicht an ihren Arbeitsplatz in Deutschland zurückkehrten oder sich der Arbeit dort von vornherein entziehen wollten, und selbstverständlich Menschen im Widerstand. Die bekannteste Gruppe bildeten jedoch die Juden, die sich nicht zum «Arbeitseinsatz» *(werkverruiming)* gemeldet hatten. Ein grundlegender Unterschied zu den anderen besteht darin, dass diese Gruppe auch behinderte und alte Menschen, Kinder und Frauen umfasste. Zudem wurden sie wegen ihrer Herkunft mit dem Ziel der Vernichtung verfolgt und schwebten deshalb in noch viel größerer Gefahr.

Aus der Gesellschaft zu verschwinden, für die Behörden unsichtbar zu werden, in der Illegalität zu leben bedeutete, auch keine Dienstleistungen mehr in Anspruch nehmen zu können. Unmittelbare Folgen hatte das vor allem für die Versorgung mit Lebensmitteln, die von den Behörden kontrolliert wurde. Untergetauchte waren daher für zahlreiche lebensnotwendige Produkte auf Schwarzhandel und Betrug angewiesen, was schwer geahndet wurde.

Anne Frank schreibt in ihrem Tagebuch, dass die acht Personen im Hinterhaus über fünf Lebensmittelkarten verfügten. Ohne eine vertrauenswürdige Kontaktperson bei der Stadtverwaltung war es unmöglich, die Karten zu erhalten. Auch für den Einsatz der Marken benötigte man wiederum vertrauens-

würdige Personen. Allerdings reichten fünf Karten nicht für
acht Menschen. Die Untergetauchten hatten zwar für einen größeren Vorrat an haltbaren Lebensmitteln gesorgt, doch Brot,
Fleisch, frisches Gemüse und Milch waren ein stetiges Problem.
Mit zusätzlichen Marken zu tricksen war unvermeidlich. Und
riskant.

Im März 1944 schrieb Anne Frank über die Verhaftung ihrer
«Markenmänner». Sie war besorgt um deren Wohlergehen, befürchtete aber auch einen noch größeren Mangel: «Da B. und
D. festgenommen worden sind, haben wir keine Marken (außer
unseren fünf Lebensmittelkarten)» (*Tagebuch A*, 14. März
1944). «B. und D.» waren Martin Brouwer aus Zwolle und Pie-
ter Daatzelaar aus Haarlem, Vertreter der an der Prinsengracht
263 ansässigen Firma N. V. Handelsvereeniging Gies & Co. Wie
sich herausstellte, betrieben die beiden einen schwunghaften
Handel mit Marken, der sich bis nach Rotterdam, Den Haag
und Zwolle verzweigte. Als die beiden nach zwei Wochen wieder in Freiheit waren, notierte sie am folgenden Tag: «Unsere
Markenmänner sind aus dem Gefängnis entlassen worden, ein
Glück!» (*Tagebuch B*, 23. März 1944)

Die niederländische Kriminalpolizei hatte seit 1942 eine landesweit tätige Einheit, die ausschließlich für die Bekämpfung
von Schlacht- und Distributionsbetrug zuständig war. Diese
Sonderabteilung *(Bijzondere Afdeling)* oder «Gruppe V» stand
unter direkter Kontrolle von SD-Offizieren. Mindestens einer
der Kriminalbeamten, die die Untergetauchten im Hinterhaus
festnahmen, nämlich Gringhuis, war zu dieser Abteilung abge-
ordnet worden. Die Sonderabteilung beurteilte, ob es um «ge-
wöhnliche» Verstöße gegen die niederländischen Distributions-
gesetze ging oder ob deutsche Interessen beeinträchtigt waren.
Im ersten Fall war ein niederländisches Gericht zuständig, im
zweiten ein deutsches Kriegsgericht, das in der Regel viel här-
tere Strafen verhängte. Der Fall von Brouwer und Daatzelaar
wurde von der Polizei in Zwolle bearbeitet, und es steht fest,
dass die zuständigen Ermittlungsbeamten mit dieser Abteilung
kooperierten.

Die Sonderabteilung verwies die beiden Verdächtigen an die

niederländische Justiz und verfasste ordnungsgemäß einen Bericht, für den alle Beteiligten noch einmal überprüft und verhört wurden. Möglicherweise wurde darin festgehalten, was die beiden Handelsvertreter verband: ihre Tätigkeit für die N. V. Handelsvereeniging Gies & Co. an der Prinsengracht.

Ein Zusammenhang zwischen der Verhaftung der beiden Vertreter und dem späteren Polizeieinsatz im Firmengebäude ist nicht erwiesen. Es gab jedoch einen umfangreichen illegalen Markenhandel, der sowohl mit dem Gebäude als auch mit den darin versteckten Menschen in Verbindung stand. Die Helfer und die meisten der acht Untergetauchten kannten die Vertreter persönlich. Anne Frank zeigt in ihren Tagebucheinträgen, dass sie über Brouwers Familienleben gut informiert war. Einer der beiden Vertreter organisierte die Bewirtung für die Hochzeitsfeier von Jan und Miep Gies im Juli 1941.

Jahrelang ist man davon ausgegangen, dass sich der Polizeieinsatz gegen die untergetauchten Juden richtete. Dass es bereits vorher im Zusammenhang mit der Firma Verhaftungen gegeben hatte, sah offenbar niemand als relevant an. Auch die Tatsache, dass im Lager der Firma im Sommer 1944 ein «Schwarzarbeiter» tätig war, der der Zwangsarbeit in Deutschland entgehen wollte, könnte die Aufmerksamkeit der Behörden erregt haben. Fest steht auch, dass die Firma nicht alle Einnahmen ordnungsgemäß verbuchte. Obgleich Letzteres nicht so schnell zu einem Besuch des SD führen würde, ist deutlich, dass mehr illegale Dinge im Haus vor sich gingen. Die Möglichkeit einer Hausdurchsuchung aus anderen Gründen als der Verhaftung der Untergetauchten muss daher in Betracht gezogen werden. Ob weitere Nachforschungen Quellen zutage fördern, die mehr Licht auf die zentrale Frage werfen, *warum* der SD beschloss, das Haus an der Prinsengracht zu durchsuchen, bleibt abzuwarten.

8. Das Tagebuch der Anne Frank

Verschiedene Manuskripte

Bei dem «Tagebuch der Anne Frank» – so die gängige Formulierung – geht es um eine relativ kleine, aber komplexe Sammlung von Texten. Anne Frank verfasste sie zwischen ihrem dreizehnten Geburtstag am 12. Juni 1942 und der Verhaftung der Untergetauchten am 4. August 1944. Sie schrieb sie in das rot-weiß karierte Tagebuch, das sie zum dreizehnten Geburtstag bekommen hatte, in zwei Hefte von gleichem Format und zwei weitere Hefte von unterschiedlicher Größe sowie auf eine Sammlung loser Blätter in verschiedenen Farben und Formaten.

Bei Anne Franks Texten ist zu unterscheiden zwischen ihren ursprünglichen Tagebucheinträgen, ihrem unvollendeten Romanmanuskript *Das Hinterhaus (Het Achterhuis)*, ihren Kurzgeschichten und Skizzen von Ereignissen aus dem Hinterhaus sowie dem sogenannten «Schöne-Sätze-Buch», in das sie aus Büchern Sätze und Passagen abschrieb, die sie inspirierten. Die Tagebuchaufzeichnungen befinden sich in dem rot-weiß karierten Tagebuch und den beiden Heften im gleichen Format. Das Manuskript von *Das Hinterhaus*, das auf diesen Tagebucheinträgen basiert, ist auf losen Blättern verfasst. Ein Heft von etwas größerem Format enthält die *Geschichten und Ereignisse aus dem Hinterhaus (Verhaaltjes, en gebeurtenissen uit het Achterhuis)*, und in einem schmalen hochformatigen Heft finden sich die «schönen Sätze». Eine Ausnahme bildet der Anfang der Erzählung *Cadys Leben (Cady's leven)*, der hinten in dem Tagebuchheft steht, das am 22. Dezember 1943 beginnt. Einige Fragmente dieser Geschichte wie auch fünf Kurzgeschichten sind erhalten geblieben. Sie stehen auf losen Blättern, vergleichbar mit denen, auf die *Das Hinterhaus* geschrieben wurde.

Nicht alles, was Anne Frank geschrieben hat, ist erhalten geblieben. Von ihren Tagebucheinträgen fehlt der Zeitraum zwischen dem 5. Dezember 1942, dem Tag, an dem das rot-weiß karierte Tagebuch endet, und dem 22. Dezember 1943, dem ersten Datum im folgenden Heft, das erhalten ist. Dass sie auch in der Zwischenzeit Tagebuch führte, steht fest, denn das Manuskript von *Das Hinterhaus* umfasst auch Daten aus der Zeit, für die keine Tagebucheinträge erhalten sind. In einer der Geschichten verweist sie auf einen Tagebucheintrag aus jener Zeit. Ein Heft oder mehrere sind also offenkundig verloren gegangen, so wie auch das Tagebuch von Margot Frank, von dem Anne in ihrem Tagebuch am 28. September 1942 spricht: «Gestern Abend lagen Margot und ich zusammen in meinem Bett, es war unbeschreiblich klein, aber gerade deshalb lustig, sie hat mich gefragt, ob sie vielleicht mein Tagebuch lesen dürfe. ‹Ein paar Sachen ja›, habe ich gesagt und sie nach ihrem gefragt. Darin durfte ich dann auch lesen.» (*Tagebuch A*, 28. September 1942)

Die Texte, die Otto Frank von Miep Gies erhielt, nachdem es traurige Gewissheit war, dass Anne nicht zurückkehren würde, unterscheiden sich nach Art und Inhalt voneinander, hängen aber auch miteinander zusammen. Anne Franks Tagebucheinträge bilden die Grundlage ihres Manuskripts für *Das Hinterhaus*, mit dem sie im Mai 1944 begann. Doch schon fast ein Jahr zuvor, im August 1943, erwähnte sie, dass sie kleine Geschichten verfasste und Gedanken über ihr Leben vor dem Untertauchen sowie Ereignisse im Hinterhaus schriftlich festhielt. Auch der Beginn der Erzählung *Cadys Leben* lässt sich auf einen früheren Zeitpunkt datieren, auf jeden Fall vor Februar 1944. Einige ihrer Schilderungen der Ereignisse im Hinterhaus und eine ihrer Geschichten *(Kaatje)* nahm sie, in etwas abgeänderter Form, in das Manuskript von *Das Hinterhaus* auf.

Das bekannteste Heft ist das rot-weiß karierte Tagebuch, vom Stil her ein klassisches Tagebuch mit einem kleinen Schloss. Anne hatte es sich zum dreizehnten Geburtstag selbst ausgesucht. Nicht nur im äußeren Erscheinungsbild weicht es von den beiden anderen Tagebuchheften ab, auch inhaltlich gibt es Unterschiede. Das rot-weiß karierte Tagebuch hat einen vielschichtigen, collageartigen Charakter. Es enthält Texte unter-

schiedlicher Art in verschiedenen Handschriften, eingeklebte
Fotos, Briefe und Postkarten (oft mit einem Bildtext versehen),
Blätter mit späteren Ergänzungen wurden eingeklebt und Seiten
herausgerissen. Nicht alle Tagebucheinträge sind datiert, sodass
auch die Chronologie schwer festzulegen ist. Der früheste Ein-
trag stammt vom Tag ihres dreizehnten Geburtstags, dem
12. Juni 1942, und besteht aus dem prophetischen Satz: «Ich
werde dir, hoffe ich, alles anvertrauen können wie sonst noch
niemandem, und ich hoffe, du wirst mir eine große Stütze sein.»
(*Tagebuch A*, 12. Juni 1942) Die letzte Datierung im rot-weiß
karierten Tagebuch stammt vom 5. Dezember 1942, doch enthält dieses Album auch Hinzufügungen späteren Datums.

Anne Frank begann also mit ihrem Tagebuch im Juni 1942,
als die Familie noch am Merwedeplein wohnte. Ihre ersten Einträge handeln von diesen letzten drei Wochen dort. Sie berichtet
von ihrer Geburtstagsfeier, beschreibt einige Episoden aus der
Schule und porträtiert Mitschüler und Freunde. Am 8. Juli 1942
schreibt sie zum ersten Mal in ihrem Versteck im Hinterhaus,
wo die Familie zwei Tage zuvor angekommen ist. Die Zeit im
Versteck, die fast 25 Monate dauerte und mit der Verhaftung
der Untergetauchten am 4. August 1944 endete, wurde nicht
nur der äußere Rahmen, sondern auch das beherrschende
Thema ihres Tagebuchs und des darauf basierenden Manuskripts von *Das Hinterhaus*.

Eine wichtige Entwicklung im Tagebuch der Anne Frank ist
Ende September 1942 erkennbar, als sie ihre Einträge in Form
von Briefen an einen Club imaginärer Freundinnen schreibt,
vermutlich inspiriert durch die Buchreihe über Joop ter Heul
der niederländischen Autorin Cissy van Marxveldt, die einen
der Bände teilweise in Briefform verfasste. Anne berichtet in den
Briefen nicht nur von den alltäglichen Ereignissen im Hinterhausversteck, sondern denkt sich auch Dinge aus. In der letzten
Septemberwoche 1942 geht sie außerdem ihre früheren Einträge noch einmal durch und versieht sie mit kritischen Kom-
mentaren. Diese Reflexion ihrer früheren Texte und die Einführung fiktionaler Elemente in Form und Inhalt markieren den
Anfang der schriftstellerischen Arbeit von Anne Frank, wie sie

Das rot-weiß karierte
Tagebuch, das Anne zum
dreizehnten Geburtstag
am 12. Juni 1942 geschenkt
bekam

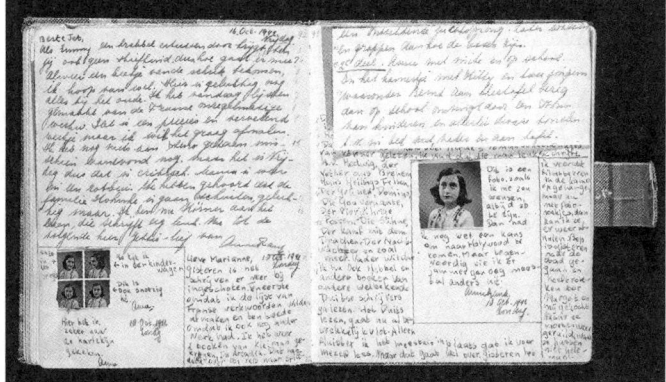

Das Tagebuch mit Einträgen vom Oktober 1942

sich kurz darauf in ihren Kurzgeschichten und 1944 im Manuskript von *Das Hinterhaus* manifestierte.

Ein auf den 28. September 1942 datierter Tagebucheintrag über zwei Seiten wurde mit braunem Packpapier abgeklebt, höchstwahrscheinlich von Anne Frank selbst. Mit Hilfe fotografischer Forschungstechniken wurde ein großer Teil des abgeklebten Textes im Jahr 2018 sichtbar gemacht. Es geht in Anne Franks eigenen Worten um eine «verhunzte» Seite, die sie dann benutzte, um ein paar «schmutzige Witze» aufzuschreiben, gefolgt von einer Passage über Sexualität und Prostitution. Wann sie den Text abklebte, ist nicht bekannt.

Im zweiten und dritten überlieferten Tagebuchheft hält Anne Frank an der gewählten Briefform fest. Sie richtet die Briefe aber nur noch an eine einzige der imaginären Freundinnen, Kitty, also nicht mehr an die anderen Mädchen des «Clubs» wie im rot-weiß karierten Tagebuch. Da ihre Tagebucheinträge aus der Zeit vom 5. Dezember 1942 bis 22. Dezember 1943 nicht erhalten geblieben sind, ist unklar, warum und wann sie den Entschluss dazu fasste. Allerdings hatte sie schon früh eine Vorliebe für Kitty, wie der Tagebuchbrief vom 22. September 1942 zeigt: «am schönsten finde ich es aber doch, Dir zu schreiben, das weißt Du ja auch, und ich hoffe, dass es beiderseitig ist.» (*Tagebuch A*, 22. September 1942)

Am Dienstag, dem 1. August 1944, schrieb Anne Frank zum letzten Mal etwas in ihr Tagebuch. Sie war zu dieser Zeit seit gut zwei Monaten damit beschäftigt, ihre Tagebücher zu dem zu überarbeiten, was sie selbst einen Roman nennt mit dem Titel *Das Hinterhaus*. Drei Tage später wurde das Versteck von den Besatzern entdeckt.

Anne Frank als Schriftstellerin

Den Wunsch, eine berühmte Schriftstellerin zu werden, verspürte Anne Frank bereits seit geraumer Zeit, und er wurde noch stärker, als am 28. März 1944 Gerrit Bolkestein, Minister für Bildung, Kunst und Wissenschaft der niederländischen Exilregierung, über Radio Oranje an die niederländische Bevölkerung appellierte, Dokumente wie etwa Tagebücher aufzuheben, damit man später ein umfassendes Bild vom Alltagsleben unter der Besatzung gewinnen könne. «Sie können schon jetzt dazu beitragen, diese historische Forschung zu einem großen, wahrhaft nationalen Werk zu machen. Geschichte kann nicht allein auf der Grundlage von offiziellen Dokumenten und Archivunterlagen geschrieben werden. Damit die Nachwelt voll und ganz begreifen kann, was wir als Volk in diesen Jahren durchgestanden und überwunden haben, brauchen wir gerade die einfachen Dinge – ein Tagebuch, Briefe eines Arbeiters aus Deutschland, Predigten eines Pfarrers. Erst wenn es uns gelingt, dieses einfache, alltägliche Material in überwältigender Menge zusammenzutragen, erst dann kann das Bild dieses Freiheitskampfes in seiner ganzen Tiefe und Glorie entstehen.» Es war dieser Appell, der Anne dazu ansportnte, ihr Tagebuch zu einem Roman umzuarbeiten: «Stell dir mal vor, wie interessant es wäre, wenn ich einen Roman über das Hinterhaus herausbringen würde; allein vom Titel her würden die Leute denken, es sei ein Detektivroman. Aber jetzt im Ernst: Es muss ungefähr zehn Jahre nach dem Krieg schon komisch wirken, wenn wir erzählen, wie wir als Juden hier gelebt, gegessen und geredet haben.» (*Tagebuch A*, 29. März 1944)

Obwohl sie anfangs noch an ihren literarischen Fähigkeiten zweifelte, begann sie am 20. Mai 1944, ermutigt von ihren Mitbewohnern, mit *Das Hinterhaus:* «Endlich, nach sehr vielen Überlegungen, habe ich nun mit meinem ‹Hinterhaus› angefangen, in meinem Kopf ist es schon so weit fertig, wie es fertig sein kann, aber in Wirklichkeit wird es längst nicht so schnell gehen, wenn es überhaupt je fertig wird.» (*Tagebuch A*, 20. Mai 1944) Fertig wurde der Roman tatsächlich nicht. Nach der Verhaftung am 4. August 1944 blieb das Manuskript unvollendet im Versteck zurück, mit dem letzten Datum vom 29. März 1944.

Das schriftstellerische Talent, das in Anne Franks früheren Tagebucheinträgen bereits erkennbar war und in ihren Kurzgeschichten noch stärker zum Ausdruck kam, reifte in *Das Hinterhaus* weiter heran. Sie hielt an der Briefform fest, die sie bereits 1942 in ihre Tagebucheinträge eingeführt hatte, und auch ihre fiktive Freundin Kitty blieb die Adressatin der Briefe. Das literarische Verfahren zeigt sich im Manuskript auch in anderen Punkten, etwa in der Auswahl der früheren persönlichen Tagebucheinträge, von denen sie mehrere wegließ. Das Romanmanuskript beginnt am 20. Juni 1942 und nicht, wie das rotweiß karierte Tagebuch, am 12. Juni 1942, und sie lässt zum Beispiel die Beschreibung ihrer Geburtstagsfeier ganz weg. Auch Passagen über ihre körperliche Entwicklung nimmt sie in

Das Hinterhaus nicht auf. Die aufkeimende Liebe zwischen Anne und Peter van Pels, die sie in ihren Tagebucheinträgen sehr emotional beschreibt, erhält im Roman den Charakter einer Freundschaft.

Andererseits führte sie Briefe und Textfragmente ein, die in ihren Tagebucheinträgen nicht vorkommen. Manche Texte entnahm sie ihren Geschichten und Skizzen von Ereignissen aus dem Hinterhaus. Neue Erzählelemente erscheinen, manche Tagebucheinträge, die sie übernimmt, schreibt sie um und versieht sie mit einem Rahmen, der sie für zukünftige Leser verständlich macht. Sie fügt auch neue Informationen hinzu, wie die Nachricht im britischen Rundfunk über «Vergasungen» in ihrem auf den 9. Oktober 1942 datierten Tagebuchbrief. Auf einem separaten Blatt notiert sie, zweifellos im Hinblick auf eine beabsichtigte Veröffentlichung, eine Liste von Pseudonymen der Hauptpersonen, den Titel des Buchs «Het Achterhuis» sowie den Autorennamen «Anne Robin», unter dem es erscheinen soll.

Anne Franks Überlegungen zu ihrem Schreibprozess lassen erkennen, dass sie ständig nach den richtigen, oft literarischeren Formulierungen suchte, Beschreibungen in einen Kontext stellte und beim Bearbeiten früherer Texte auf die Struktur des Manuskripts achtete. Dieses Verfahren des Auswählens, Reflektierens, Neuschreibens, Hinzufügens und Redigierens macht *Das Hinterhaus* zu einem literarischen Werk, das nicht nur von der Geschichte des Untertauchens und Anne Franks persönlicher Entwicklung erzählt, sondern auch ihre Entwicklung zur Schriftstellerin dokumentiert.

Der schwierige Weg zur Publikation

Nach der Verhaftung im August 1944 waren Annes Tagebücher und ihre anderen Schriften im Hinterhaus zurückgeblieben. Miep Gies und Bep Voskuijl wagten sich kurze Zeit später in das verlassene Versteck, in dem alles kreuz und quer durcheinander lag. Sie fanden dort unter anderem Annes über den Boden verstreute Papiere. Zusammen mit einigen anderen Sachen brachten sie sie in Sicherheit, bevor das Versteck im Auftrag der

Besatzungsmacht leergeräumt werden würde. Miep Gies berichtete darüber: «Später sind Bep und ich nach oben gegangen, ins Schlafzimmer der Franks. Und da sahen wir auf dem Boden Annes Tagebuchpapiere. ‹Aufsammeln›, sagte ich, denn Bep stand wie erstarrt da. Ich sagte: ‹Aufsammeln, aufsammeln, mitnehmen!› Wir haben dann alles so gut wie möglich mitgenommen, aber wir hatten große Angst! Wir gingen nach unten, und da standen wir, Bep und ich. ‹Was nun, Bep?› Da sagte sie: ‹Du bist die Ältere. Bewahr du es auf.›»

In der Hoffnung, Anne die Texte irgendwann zurückgeben zu können, bewahrte Miep Gies sie laut eigener Aussage in einer Schublade ihres Schreibtisches auf, ohne darin zu lesen. Als im Juli 1945 feststand, dass Otto Frank den Krieg als Einziger der Familie überlebt hatte, übergab sie ihm die Texte seiner Tochter. «Ich nahm alle Papiere heraus, legte das orange-rot-karierte Tagebuch obendrauf und übergab alles Herrn Frank mit den Worten: ‹Hier ist das Vermächtnis Ihrer Tochter Anne.› Er nahm die Sachen und ging ins Privatbüro. Nach einiger Zeit läutete das Telefon auf meinem Schreibtisch und er sagte: ‹Miep, ich bin für niemanden zu sprechen.› ‹Ist schon geregelt›, sagte ich.»

Aus Briefen an seine Mutter in dieser Zeit geht hervor, dass Otto Frank mindestens fünf Wochen brauchte, bevor er in der Lage war, die Schriften, die er von Miep erhalten hatte, tatsächlich zu lesen. Dann ließen sie ihn nicht mehr los. In späteren Interviews sagte er darüber, aus den Texten habe er zu seinem Erstaunen eine ganz andere Anne kennengelernt. Er folgerte daraus, dass Eltern ihre Kinder nie wirklich kennen.

Der Eindruck, den die Lektüre bei ihm hinterließ, veranlasste Otto im November 1945 zu dem Plan, den Wunsch seiner Tochter, ein Buch über das Leben im Hinterhaus zu veröffentlichen, zu realisieren. Er nahm eine alte Schreibmaschine und machte sich daran, die Texte mit Hilfe eines Freundes, Ab Cauvern, abzuschreiben. Als Leitfaden benutzte er das Manuskript von *Das Hinterhaus*, das als Ausgangspunkt für die geplante Publikation dienen sollte. Die getippten Texte verbreitete er unter mehreren Bekannten. Nicht alle sprachen sich für eine Veröffentlichung aus. Der Journalist und angehende Professor Kurt Baschwitz war einer der Ersten, der nach der Lektüre das Vorhaben begrüßte. Der Literaturwissenschaftler Werner Cahn, der in den dreißiger Jahren Lektor beim Verlag Querido gewesen war und das Typoskript dort im Namen von Otto Frank vorlegte, bekam schon bald von seinem früheren Arbeitgeber zu hören, dass kein Interesse daran bestehe.

Danach machte Otto Frank die Historikerin Annie Romein-Verschoor auf das Manuskript aufmerksam. Auf diese Weise gelangte es in die Hände ihres Mannes Jan Romein. Der schrieb nach der Lektüre einen lobenden Artikel mit dem Titel *Kinderstem* (Kinderstimme), der am 3. April 1946 in der ehemaligen Widerstandszeitung *Het Parool* erschien. Im Sommer dieses Jahres erschienen fünf Fragmente des von Otto Frank und Ab Cauvern erstellten Typoskripts in der Zeitung *De Nieuwe Stem*. Das war die erste Veröffentlichung von Texten Anne Franks.

In den Monaten nach dem Erscheinen von Jan Romeins Artikel *Kinderstem* konnte Werner Cahn eine Grundsatzvereinbarung mit dem Verlag Contact über die Publikation erreichen. Verhandlungen über verschiedene Fragen dauerten jedoch noch einige Zeit. So bestand Otto Frank unter anderem darauf, die Rechte an Veröffentlichungen außerhalb der Niederlande zu behalten. Ein Vertrag, den der Verlag am 1. August an Cahn schickte, blieb deshalb ohne Unterschrift. Erst am 10. September waren sich die Parteien einig, der Vertrag wurde unterzeichnet und die Produktion konnte beginnen.

«I Boek» (I Buch), notierte Otto Frank am 25. Juni 1947 in seinen Kalender, als das Tagebuch der Anne Frank vom Verlag Contact in der Erstausgabe mit einer Auflage von gut dreitausend Exemplaren unter dem Titel *Het Achterhuis. Dagboekbrieven van 12 juni 1942–1 augustus 1944* (Das Hinterhaus. Tagebuchbriefe vom 12. Juni 1942–1. August 1944) veröffentlicht wurde. Diese Edition war das Ergebnis verschiedener Bearbeitungen von Anne Franks Texten, die zwischen 1945 und 1947 erfolgt waren und die sich nicht genau rekonstruieren lassen. Festhalten lässt sich jedoch, dass Otto Frank, Ab Cauvern und der Verlag eine wichtige Rolle dabei spielten, jeder der Beteiligten aus eigenen Überlegungen heraus. Das Ganze war er-

Erstausgabe von *Het Achterhuis*, veröffentlicht am 25. Juni 1947
im Verlag Contact. Buchgestalter Helmut Salden entwarf den Umschlag:
eine Sonne, die hinter dunklen Wolken verschwindet.

heblich gekürzt worden. Die oft gehörte Annahme, Otto Frank
sei für die Streichung von Passagen verantwortlich, in denen es
um die problematische Ehe von Otto und Edith Frank sowie um
Textstellen mit explizit sexuellem Charakter ging, trifft nur teilweise zu, denn Anne Frank hatte selbst schon mehrere intime
Passagen aus ihrem persönlichen Tagebuch weggelassen, als sie
ihr Romanmanuskript verfasste. Andere Passagen wurden auf
Wunsch des niederländischen Verlages gestrichen. (Sie wurden
einige Jahre später in die deutschen und englischen Übersetzun-

gen aufgenommen.) *Het Achterhuis* kam bei Presse und Publikum gut an und wurde in den ersten Jahren nach dem Erscheinen mit zweiundzwanzigtausend Exemplaren relativ gut
verkauft.

Otto Frank versuchte, auch Annes Geschichten in einer kleinen Sammlung mit dem Titel «Weet je nog?» (Weißt du noch?)
zu veröffentlichen. Der Filmproduzent Rudolf Meyer, der mit
ihm in Auschwitz gewesen war, hatte sie mit «großem Interesse» gelesen. Er fand zwar die Geschichten «aus der Schulzeit
viel weniger gelungen» als alles andere, doch insbesondere da,
wo die Autorin eigene Erlebnisse und Erfahrungen verarbeitete,
zeigte sie seiner Meinung nach auch etwas von ihren journalis-
tischen Ambitionen. Ende 1946 teilte der Verlag Contact mit,
dass er an der Veröffentlichung der Geschichtensammlung nicht
interessiert sei.

Nachdem sich Otto Frank vergebens an eine ganze Reihe anderer Verlage gewandt hatte, konnte er sich im Herbst 1949
doch noch mit dem Verlag Contact einigen. Acht der rund vierzig Kurzgeschichten fanden Platz in einer Auswahlausgabe. Es
handelte sich ausschließlich um Fantasiegeschichten. Die Texte,
in denen sie Ereignisse aus ihrem Leben beschrieb, «so daß sie
an Reportagen erinnern», wurden nicht aufgenommen, nicht
einmal die titelgebende Geschichte «Weet je nog?» (Weißt du
noch?), in der es ausschließlich um Ereignisse aus ihrer Schulzeit im *Joods Lyceum* geht.

Im November 1946 verfügte ein entfernter Verwandter von
Otto Frank in New York über ein offenkundig nur provisorisch
ins Englische übersetztes Manuskript. Er bot es dem großen
Verlagshaus Simon & Schuster an, doch der renommierte Verlag schickte ihm schon nach kurzer Zeit eine Absage. Er hatte
Zweifel am Interesse der amerikanischen Öffentlichkeit und
war nicht bereit, Geld in eine vollwertige englische Übersetzung
zu stecken.

Gut ein halbes Jahr bevor das Tagebuch in den niederländischen Buchläden lag, gab es also bereits Initiativen zur Veröffentlichung in den Vereinigten Staaten. Unter dem Titel «Ein
Kind erlebt die Nazizeit. Das Tagebuch der Anne Frank» er-

schien im April 1948 eine Besprechung des Tagebuchs in der amerikanischen, jedoch deutschsprachigen Immigrantenzeitung *Aufbau*. Die Verlagswelt in den USA zeigte sich weiterhin reserviert und sah keine Marktchancen. Nach Simon & Schuster lehnten auch Appleton Century, Querido New York, Vanguard und Viking das Manuskript ab.

Während unter Verlagen in den Vereinigten Staaten weiterhin die Vorstellung herrschte, für dieses «Kriegsbuch» finde sich kein Publikum, kam es im März 1949 zu einer Vereinbarung mit dem französischen Verlag Calmann-Lévy, der *Le Journal d'Anne Frank* 1950 publizierte. Im selben Jahr brachte der deutsche Verlag Lambert Schneider eine Übersetzung der Journalistin Anneliese Schütz unter dem Titel *Das Tagebuch der Anne Frank* heraus. Um 1950 gab es auch Interesse von Verlagen aus Chile, Indonesien und anderen Ländern.

Im September 1947 nahm der Londoner Literaturagent Robert Harben Kontakt mit Otto Frank auf. Beide waren 1933 aus Deutschland nach Amsterdam emigriert. Harben hatte dort unter seinem eigentlichen Namen Kurt Willy Hirsch gelebt. Er kannte die Familie Frank, und vor allem Edith war eine treue Benutzerin der deutschsprachigen Bibliothek gewesen, die er in der Nähe ihrer Wohnung geführt hatte.

Harben wollte Otto Frank bei der Suche nach einem britischen Verlag behilflich sein, obwohl dort vergleichbare Vorbehalte herrschten wie in den USA. Einer dieser Verlage hatte John Herseys Buch *The Wall* über das Warschauer Ghetto publiziert und enttäuschende Verkaufszahlen verzeichnet. Schließlich entschloss sich der junge Verlag Vallentine, Mitchell & Co. und beauftragte Barbara Mooyaart-Doubleday mit der Übersetzung, die im Frühjahr 1952 unter dem Titel *The Diary of a Young Girl* erschien. In den Vereinigten Staaten folgte im Juni 1952 bei Doubleday eine Ausgabe der gleichen Übersetzung, erweitert um gestrichene Passagen und mit einem Vorwort von Eleanor Roosevelt. Das bis heute erscheinende Magazin *Commentary* veröffentlichte kurz zuvor im Mai und Juni 1952 Vorabdrucke. Bis heute wurde das Tagebuch in mehr als siebzig Sprachen übersetzt.

Erfolg durch Theater und Film

Der Bekanntheitsgrad und die Verkaufszahlen der Tagebuch-veröffentlichung wurden durch eine Bühnenadaption im Jahr 1955 und eine darauf basierende Verfilmung 1959 erheblich gesteigert. Die Idee, auf der Grundlage des Tagebuchs ein Bühnenstück und einen Film zu entwickeln, stammte von dem amerikanischen Journalisten und Schriftsteller Meyer Levin. Im Juni 1952 hatte er das Tagebuch im *New York Times Book Review* lobend rezensiert. Er nahm Kontakt mit Otto Frank auf, und der machte ihn zu seinem Literaturagenten für die USA unter der Bedingung, dass Levin selbst das Skript für eine Bühnenfassung schreiben würde. Levins Skript, das im Oktober 1952 fertig war, wurde jedoch von mehreren Theaterproduzenten abgelehnt. Daraufhin entspann sich eine lange und schmerzhafte Kontroverse zwischen Levin und Otto Frank. Der Vertrag mit Levin wurde gekündigt, und auf Empfehlung seines Theaterproduzenten Kermit Bloomgarden beauftragte Otto Frank das Autorenehepaar Frances Goodrich und Albert Hackett. Ihre Bühnenadaption hatte unter der Regie von Garson Kanin am 5. Oktober 1955 im Cort Theatre in New York Premiere, mit Susan Strasberg in der Rolle von Anne und Joseph Schildkraut in der Rolle von Otto Frank. Das Stück wurde ein großer kommerzieller und künstlerischer Erfolg. Es gewann 1955 alle wichtigen Theaterpreise, darunter den Pulitzer-Preis, und wurde bis Juni 1957 insgesamt 717-mal am Broadway gespielt.

Ein Jahr nach der Premiere in New York wurde das Stück in vielen Ländern aufgeführt. In Deutschland hatte es großen Einfluss auf die Aufarbeitung der NS-Vergangenheit. Allein im Jahr 1958 gab es dreitausendvierhundert Aufführungen in Theatern im ganzen Land. Rezensionen beschäftigten sich nicht nur mit der künstlerischen Qualität des Stücks, sondern vor allem auch mit der Wirkung auf die Zuschauer. Sie waren erschüttert und verließen nach der Aufführung schweigend den Saal. Die Verkaufszahlen der deutschen Übersetzung des Tagebuchs sprachen Bände. Während in den ersten Jahren nach Erscheinen 4500 Exemplare verkauft worden waren, waren es drei Monate

Poster der Bühnenbearbeitung, Broadway 1955

nach der Premiere des Theaterstücks fünfzigtausend, und bis 1960 wurden rund siebenhunderttausend Exemplare verkauft.

Auch in den Niederlanden war die Wirkung des Stücks auf den Verkauf des Tagebuchs spürbar. Nach dem Anfangserfolg Ende der vierziger Jahre hatte das Interesse an dem Buch nachgelassen. Nach der Premiere in Amsterdam 1956 in Anwesenheit des Königspaars erschienen schon bald neue Ausgaben.

Das Skript von Frances Goodrich und Albert Hackett, das in den neunziger Jahren von Wendy Kesselman überarbeitet wurde, bildet noch immer die Grundlage für zahlreiche Bühnenaufführungen des Tagebuchs der Anne Frank auf der ganzen Welt.

Der auf dem Tagebuch basierende Film unter der Regie von George Stevens gewann 1959 drei Oscars, darunter den für Shelley Winters als «best supporting actress». Viele andere Produktionen für Film, Fernsehen und seit Kurzem digitale Medien wie das Anne-Frank-Videotagebuch kamen seitdem zustande. In einer sich rasch wandelnden Medienlandschaft bleiben Anne Franks Tagebuchtexte eine wichtige Quelle, um auch neuen Generationen ihre Lebensgeschichte zu vermitteln.

Die Frage nach der Echtheit

Bereits in den fünfziger Jahren wurden Zweifel an der Authentizität von Anne Franks Tagebuchaufzeichnungen geäußert. Diese Angriffe kamen hauptsächlich aus rechtsextremen Kreisen, die den Holocaust an sich leugneten. Der bereits erwähnte Streit zwischen Meyer Levin und Otto Frank gab den Attacken überraschenderweise Nahrung. In dem Vergleich, den Levin und Frank nach jahrelangen juristischen Auseinandersetzungen geschlossen hatten, sahen die Angreifer den Beweis, dass die beiden das Tagebuch gemeinsam verfasst hätten. Es entstand ein Mythos, der in den folgenden Jahrzehnten hartnäckig immer wieder auftauchte.

1980 erregte ein suggestiver Artikel im *Spiegel* Aufmerksamkeit. Darin wurde behauptet, die Originaltexte enthielten mit Kugelschreiber vorgenommene «Ergänzungen», die nicht aus der Zeit des Krieges stammen könnten, da der Kugelschreiber damals noch nicht erfunden gewesen sei. Der Artikel basierte auf einer Untersuchung, die im Auftrag des deutschen Bundeskriminalamts stattgefunden hatte. Die fraglichen «Ergänzungen» entpuppten sich jedoch als Korrekturen, die später im Rahmen der Vorbereitungen für die Veröffentlichung des Tagebuchs vorgenommen worden waren. Große Aufmerksamkeit erregte in den achtziger Jahren auch die Leugnung der Authen-

tizität des Tagebuchs durch den französischen Literaturwissenschaftler und Holocaustleugner Robert Faurisson.

Um die Spekulationen über die Echtheit von Anne Franks
Schriften zu beenden, erschien 1986 eine wissenschaftliche
Edition, herausgegeben vom niederländischen *Rijksinstituut
voor Oorlogsdocumentatie* (Reichsinstitut für Kriegsdokumen-
tation). Zum ersten Mal wurden die originalen Tagebucheinträge von Anne Frank zusammen mit ihrem Manuskript von
Het Achterhuis veröffentlicht und zum Vergleich dem von Otto
Frank herausgegebenen Text von *Het Achterhuis* gegenübergestellt. Zusammen mit einer forensischen Tinten- und Handschrif-
tenanalyse wurde die Echtheit der Texte überzeugend nachge-
wiesen. Diese Edition bildete zugleich den Anlass für eine neue
Buchhandelsausgabe, nun aus der Hand der deutschen Schriftstellerin Mirjam Pressler.

1998 tauchten fünf neue Textseiten auf. Sie stammten aus
dem Besitz von Cor Suijk, einem ehemaligen Direktionsmitglied
des Anne Frank Hauses, der sie nach eigenen Angaben 1980 auf
Wunsch von Otto Frank in Obhut genommen hatte. Es handelte sich um zwei Tagebuchbriefe; einen davon hatte Anne in
leicht abgewandelter Form in ihr Manuskript von *Het Achterhuis* aufgenommen, den anderen wahrscheinlich aus inhaltli-
chen Gründen nicht verwendet.

Inzwischen wurde auf der Grundlage von jahrelanger histo-
risch-kritischer Forschung vom niederländischen *Huygens Instituut voor Nederlandse Geschiedenis* (Huygens-Institut für
niederländische Geschichte) in Zusammenarbeit mit dem Anne
Frank Haus in Amsterdam eine neue wissenschaftliche Edition
erarbeitet, die online in bestimmten Ländern zugänglich ist
(https://annefrankmanuscripten.org). Diese digitale Edition bietet neue Einblicke in den literarischen Reichtum von Anne
Franks Texten im Kontext der historischen Ereignisse.

9. Das Anne Frank Haus

Ein langer Weg mit Hindernissen

Zusammen mit dem Rijksmuseum und dem Van Gogh Museum gehört es zu den meistbesuchten Museen Amsterdams: das Anne Frank Haus an der Prinsengracht. Jährlich besuchen mehr als eine Million Menschen den Ort, der Anne Frank als Versteck gedient hatte und an dem sie den größten Teil ihres Tagebuchs und andere Texte schrieb. Neunzig Prozent der Besucher kommen aus dem Ausland; Besucher aus den USA sind mit dem größten Anteil, nämlich einem Fünftel aller Besucher, vertreten. Rund zehn Prozent der Besucher kommen aus Deutschland. Viele sind unter dreißig und gerade das Interesse junger Menschen an Anne Frank nimmt eher zu als ab.

Vielen geht es darum, das Hinterhaus zu besuchen. Der Gang durch den berühmten Bücherschrank, der den Zugang zum Versteck tarnte, und das kleine Zimmer, das sich Anne Frank notgedrungen mit Fritz Pfeffer teilte, hinterlassen einen tiefen Eindruck. Auch die Tatsache, dass die originalen Tagebücher im Museum zu sehen sind, an dem Ort, an dem sie verfasst wurden, macht den Besuch zu einem eindrucksvollen Erlebnis.

Dem Erfolg des Anne Frank Hauses ging ein langer Anlauf voraus. Als Otto Frank 1945 als einziger Überlebender der acht Untergetauchten nach Amsterdam zurückkehrte, befanden sich die Firmen Opekta und Gies & Co noch in dem Gebäude an der Prinsengracht 263. Das Vorderhaus und Teile des Hinterhauses wurden von beiden Betrieben genutzt, das Versteck in den oberen drei Etagen des Hinterhauses stand jedoch größtenteils leer und war heruntergekommen. Nach der Publikation von *Het Achterhuis* 1947 in den Niederlanden erschienen hin und wieder Interessierte, die das Versteck sehen wollten. Einer der ersten Besucher war der Amsterdamer Gerichtsrat J. P. Hooy-

kaas, der das Haus im November 1947 in Begleitung von Otto
Frank und Johannes Kleiman besuchte, möglicherweise im Zusammenhang mit den Ermittlungen zur Polizeiaktion in dem
Gebäude am 4. August 1944. Doch erst nach dem Erscheinen
der deutschen und englischen Übersetzungen des Tagebuchs
wuchs das Interesse an einer Besichtigung des Verstecks. Um die
Arbeit in den beiden Firmen nicht zu stören, musste ein Besuch
vorher vereinbart werden.

Die Idee, das Versteck als Erinnerungsstätte für das allgemeine Publikum und als «Bibliothek für die Jugend» zu öffnen,
stammte von Joseph Marks vom Verlag Doubleday, der die
amerikanische Übersetzung herausgebracht hatte. Seine Anre-
gung fiel bei Otto Frank auf fruchtbaren Boden. Otto Frank
trug sich schon länger mit dem Gedanken, dem Tagebuch seiner
Tochter einen Platz in einer zukunftsorientierten Bildungsarbeit
zu geben. Die Ereignisse der Vergangenheit konnte er nicht ändern, doch die Schriften seiner Tochter sollten dazu beitragen,
ähnliche Tragödien in der Zukunft zu verhindern. Hierbei sollte
die Öffnung des Verstecks für die Öffentlichkeit eine wichtige
Rolle spielen.

1953 konnte die Firma Opekta das Haus kaufen, doch da die
finanziellen Mittel für die notwendige Sanierung des Hinterhauses nicht reichten, musste es nach einem Jahr schon wieder verkauft werden. Neuer Eigentümer wurde die Textilfirma Berghaus, die große Pläne für einen neuen Firmensitz hatte. Sie
wollte die meisten Gebäude an der Ecke Prinsengracht und
Westermarkt abreißen lassen, auch die Nummer 263. Das Ende
des Hauses, das Anne Frank als Versteck gedient und in dem sie
ihr Tagebuch und andere Texte geschrieben hatte, schien nahe.

Doch dann entwickelten sich die Dinge schnell. 1955 wurde
die Firma Gies & Co verkauft, und Opekta verlegte seinen Firmensitz in einen anderen Stadtteil. Damit stand das Haus Prinsengracht 263 plötzlich leer. Im selben Jahr erhielt der ohnehin
schon große Erfolg der Tagebuchausgabe in den USA einen zusätzlichen Impuls durch die Bühnenfassung. Amerikaner kamen
nach Amsterdam, um das Versteck zu sehen, fanden dort aber
zu ihrem Erstaunen und ihrer Enttäuschung ein verlassenes und

heruntergekommenes Gebäude vor, das sie nur begrenzt und auch nur nach Absprache besichtigen konnten. Dass das Gebäude zum Abriss vorgesehen war, stieß auf großes Unverständnis. Wie konnten die Niederlande das zulassen?

Die Gleichgültigkeit der Behörden gegenüber der Zukunft des Hauses Prinsengracht 263 in der ersten Hälfte der fünfziger Jahre ist Symptom einer damals verbreiteten Haltung in den Niederlanden. Das Land hatte schwer unter der deutschen Besatzung gelitten, in den Jahren nach der Befreiung war die wirtschaftliche Lage schlecht. Nicht zuletzt dank staatlicher Hilfe im Rahmen des Marshallplans öffnete sich in dieser Zeit mehr Raum für einen zukunftsorientierten Wiederaufbau des Landes. Wenig Raum war in diesem Kontext jedoch für die Erinnerung an den Krieg, geschweige denn für eine differenzierte Würdigung unterschiedlicher Kriegserfahrungen. Alle hatten es in jenen Jahren schwer gehabt, so die allgemeine Stimmung. Nun sollte es darum gehen, gemeinsam an der Zukunft des Landes zu bauen und neuen Wohlstand zu schaffen. Die Antwort des damaligen Außenministers Joseph Luns auf eine bedauernde Kritik aus den Vereinigten Staaten am geplanten Abriss des Hauses sprach Bände: «Das betreffende Gebäude kann nicht als ein niederländisches Denkmal für Geschichte oder Kunst betrachtet werden.»

Allmählich entwickelte sich jedoch auch in den Niederlanden ein Bewusstsein für die historische Bedeutung des Gebäudes und damit das Interesse, es zu erhalten, insbesondere das Hinterhaus. Der Erfolg der Bühnenfassung in den USA erfuhr ein Jahr später im eigenen Land eine Fortsetzung mit der niederländischen Version. Als in den USA Vorbereitungen für die Verfilmung des erfolgreichen Theaterstücks getroffen wurden, war klar, dass etwas geschehen musste. Davon waren auch fünf Amsterdamer Honoratioren überzeugt. Gemeinsam mit Otto Frank, der inzwischen in der Schweiz lebte, und Johannes Kleiman, einem Helfer der ersten Stunde und Geschäftsführer von Otto Franks Firma in den Niederlanden, ergriffen sie die Initiative, das Haus zu erhalten und zu öffnen. Der erste Schritt dazu war die Gründung der Anne Frank Stiftung. Am 3. Mai 1957, am Vorabend des Nationalen Gedenktages für die Kriegsopfer, wurde die Satzung im Beisein von Otto Frank und Johannes Kleiman beschlossen, und die Stiftung ins Leben gerufen. Zweck der Stiftung war «die Sanierung, gegebenenfalls der Umbau des Gebäudes Prinsengracht 263 in Amsterdam und insbesondere die Instandhaltung des dazugehörigen Hinterhauses, wie auch die Verbreitung der Ideale, die im Tagebuch der Anne Frank der Welt hinterlassen wurden».

Zunächst musste die Stiftung Eigentümer des Hauses werden. Ein großer Schritt war getan, als die Firma Berghaus ihre Pläne für die Errichtung eines neuen Firmensitzes an der Ecke Prinsengracht und Westermarkt fallen ließ. Die Firma zog in ein Gewerbegebiet am Stadtrand und schenkte das Gebäude Prinsengracht 263 aus Anlass ihres fünfundsiebzigjährigen Bestehens der Stiftung. Doch die angrenzenden Häuser, die die Standsicherheit des Hauses gewährleisteten, wurden an einen Bauträger verkauft, der ihren Abriss plante. Schließlich konnte die Stiftung 1958 die Nachbarhäuser von dem Bauträger übernehmen. Dank einer der ersten «Crowdfunding»-Aktionen in den Niederlanden konnte auf Initiative des Bürgermeisters von Amsterdam, Gijs van Hall, der in der Besatzungszeit im Widerstand aktiv gewesen war, ein Großteil des benötigten Geldes aufgebracht werden. Der noch fehlende Betrag wurde mit einer Vereinbarung zwischen der Stadt Amsterdam, der *Gemeentelijke Universiteit* (heute *Universiteit van Amsterdam*) und der Anne Frank Stiftung abgedeckt, auf einem Teil der zu erwerbenden Parzellen Wohnraum für Studenten zu schaffen. Bis 2017 bestand diese Zweckbindung. Dann erhielt das Anne Frank Haus die Möglichkeit, auch diese Räumlichkeiten zu erwerben, um das Museum und die dazugehörigen Verwaltungsräume zu erweitern.

Ende 1958 begann endlich der erste von vier tiefgreifenden Umbauten, die das Anne Frank Haus zu dem gemacht haben, was es heute ist. Die Umbauten waren notwendig, um dem großen und im Laufe der Jahre weiterhin wachsenden Interesse an Anne Frank und dem Museum gerecht zu werden. Gleichzeitig musste sichergestellt werden, dass die Authentizität und der

Charakter des Verstecks so wenig wie möglich beeinträchtigt würden. Dabei war es Otto Franks ausdrücklicher Wunsch, dass die Räume im Hinterhaus so leer und verlassen bleiben sollten, wie er sie im Juni 1945 vorgefunden hatte, als er aus Auschwitz zurückkehrte.

Am 3. Mai 1960, genau drei Jahre nach der Gründung der Stiftung, konnte das Haus endlich für das Publikum geöffnet werden. Im Hinterhaus erinnerten nur einige wenige Objekte an die Einrichtung während der Kriegszeit. Der schwenkbare Bücherschrank, der im August 1942 gezimmert worden war, um den Zugang zum Versteck zu tarnen, blieb selbstverständlich erhalten. Im Zimmer von Anne Frank waren die Bilder und Postkarten zu sehen, die sie an die Wände geklebt hatte, so wie auch das Stück Tapete mit den Bleistiftstrichen, die anzeigten, wie Anne und Margot gewachsen waren, und die kleine Karte der Normandie, auf der Otto Frank das Vorrücken der alliierten Truppen nach dem D-Day festgehalten hatte. Viel mehr als das war in den leeren Räumen nicht zu sehen.

Die Eröffnung des Anne Frank Hauses im Jahr 1960 traf mit einem Wandel in der Haltung der niederländischen Gesellschaft zum Zweiten Weltkrieg und zum Holocaust zusammen. Auch unter dem Einfluss des Prozesses gegen Adolf Eichmann 1961 in Jerusalem bekam die Erinnerung an den Krieg und die Ermordung der niederländischen Juden mehr Raum. Eine starke Wirkung ging von der viel gesehenen Fernsehserie *De Bezetting* (Die Besetzung) aus, produziert und präsentiert vom Direktor des *Rijksinstituut voor Oorlogsdocumentatie* Loe de Jong, die in der ersten Hälfte der sechziger Jahre gesendet wurde. De Jong gelang es mit seiner Serie und später mit seinem Standardwerk *Het Koninkrijk der Nederlanden in de Tweede Wereldoorlog* (Das Königreich der Niederlande im Zweiten Weltkrieg), die Erinnerung an den Krieg und die Judenverfolgung einer breiten Öffentlichkeit nahezubringen. 1965 hatte das Buch *Ondergang* (Untergang) von Jacques Presser mit dem Untertitel *De vervolging en verdelging van het Nederlandse Jodendom 1940–1945* (Die Verfolgung und Vernichtung des niederländischen Judentums 1940–1945) die gleiche Wirkung. Innerhalb

Bilderwand aus dem Zimmer von Anne Frank

eines Jahres wurden mehr als hunderttausend Exemplare verkauft. Presser war, wie sein ehemaliger Schüler de Jong, Jude;
nach der Verbannung jüdischer Lehrer und Schüler aus den öffentlichen Schulen 1940 und 1941 war er noch einige Zeit Ge-
schichtslehrer an dem *Joods Lyceum* gewesen, das auch Anne
und Margot Frank besucht hatten. In seinem Buch *Ondergang*
beschränkte er sich nicht auf objektive Geschichtsschreibung.
Es sollte auch eine Anklage gegen die Täter, ihre infamen Helfer
und die passiven Zuschauer sein, die gemeinsam dafür verantwortlich waren, dass drei Viertel der niederländischen Juden ermordet worden waren.

Die Geschichte und was sie uns lehrt

Das Anne Frank Haus steht seit seiner Gründung mit einem Bein in der Geschichte und mit dem anderen im aktuellen Geschehen. Die von Otto Frank vorgegebene Aufgabe hatte immer zwei Gesichter: die Erinnerung an Anne Frank und die Bedeutung dieser Erinnerung für die Gegenwart. Es sollte nach seinen Worten nicht nur darum gehen, Geschichte zu vermitteln, sondern auch und vor allem darum, Lehren aus der Geschichte zu ziehen. Das Wissen über die Vergangenheit sollte im Dienst der Errichtung einer Welt stehen, die besser war als die, in der er seine Familie verloren hatte.

Die Geschichte und der Sinn, der ihr für Gegenwart und Zukunft gegeben wird, bildeten von Anfang an auch das Fundament des Anne Frank Hauses als Museum. Daran hat sich in den Jahrzehnten seit der Eröffnung nichts verändert. Was sich seither jedoch stets – beeinflusst vom Zeitgeist – verändert hat, ist die konkrete Ausgestaltung.

Otto Frank hat nach dem Erscheinen des Tagebuchs mit zahlreichen Jugendlichen aus vielen Ländern korrespondiert. Im Anne Frank Haus sah er eine Begegnungsstätte für Jugendliche aus der ganzen Welt. Inspiriert vom Gedankengut des jüdischen Philosophen Martin Buber, insbesondere von dessen Ideen über Dialog, hoffte er, dass die Jugendlichen eine Brücke zwischen Ländern, Religionen und Ideologien schlagen können, indem sie sich miteinander austauschen. Im Nachbargebäude Prinsengracht 265 veranstaltete Otto Frank darum bis 1970 jährlich eine internationale Jugendkonferenz.

Die Erwartung, mit zunehmendem zeitlichen Abstand zum Zweiten Weltkrieg werde das Interesse an Anne Frank abnehmen, hat sich nicht bestätigt. Im Gegenteil, die Besucherzahlen nehmen ständig zu. Auch die Einführung eines Eintrittspreises, ein Gulden im Jahr 1971, änderte daran nichts. Mehr als tausend Besucher pro Tag waren bereits in den Anfangsjahren keine Ausnahme. Mit einem so großen Zustrom hatte Ende der fünfziger Jahre niemand gerechnet. 1970 entschied man sich deshalb, das Museum für einen erneuten Umbau einige Monate zu schließen. Fußböden und Wände wurden verstärkt, und um den Besucherstrom besser zu lenken, wurde ein neuer Rundgang durch das Hinterhaus in nur einer Richtung festgelegt.

Wenn man sich anschaut, wie über die Jahre hinweg im Anne Frank Haus die aktuelle Bedeutung Anne Franks interpretiert und vermittelt wurde, erkennt man unschwer den jeweiligen Zeitgeist. Lange Zeit war die aktuelle «Lehre aus der Geschichte» dominant und das Versteck selbst nicht viel mehr als eine Kulisse dafür. Diese Lehre stand in den sechziger und siebziger Jahren stark unter dem Einfluss der gesellschaftskritischen Protestkultur jener Zeit. Wer das Anne Frank Haus damals besuchte, wurde mit Ausstellungen und Dokumentationen zu Themen wie dem Verhältnis von Gewalt und Macht, der Apartheidpolitik in Südafrika, der Ausbeutung in Südamerika und dem Vietnamkrieg konfrontiert. Die aktivistische Fokussierung auf das politische und soziale Zeitgeschehen sollte auch in den folgenden Jahrzehnten das Gesicht der Anne Frank Stiftung als Verwalterin des Hauses weitgehend bestimmen, auch wenn sich in den achtziger Jahren die Aufmerksamkeit auf die Bekämpfung des zunehmenden Antisemitismus und Rechtsextremismus in Europa verlagerte. Das entsprach der Zeitströmung jener Jahre, die bei vielen jungen Menschen von politisch-sozialem Engagement geprägt waren.

Doch Ende der achtziger Jahre zeichnete sich ein Wandel ab. Politischer Aktivismus und gesellschaftliche Debatten wichen allmählich einer moralischen Erziehung, die darauf abzielte, Einstellungen und Verhaltensweisen bewusst zu machen und Veränderungen anzustoßen. Gleichzeitig erhielten die Geschichte des Gebäudes und die Lebensgeschichten der Untergetauchten, ihrer Helfer und Freunde mehr Raum. «Zurück zu Anne» lautete die Devise, die zu einer neuen Balance zwischen Geschichte und Gegenwart führte.

Ein dritter tiefgreifender Umbau, mit dem 1995 begonnen wurde, schuf die Grundlage für das heutige Museum. Der Anlass war erneut die wachsende Zahl der Besucher – inzwischen rund sechshunderttausend pro Jahr. Aber auch das Konzept wurde überdacht; das Versteck im Hinterhaus stand nun im

Zentrum, das Vorderhaus wurde qua Stil und Atmosphäre in die Kriegszeit zurückversetzt, den Helfern mehr Aufmerksamkeit gewidmet und das angrenzende Gebäude Prinsengracht 265 für Ausstellungen ausgebaut. 1999 öffnete ein erneuertes und erweitertes Anne Frank Haus seine Türen, das die Authentizität des Ortes und das Erlebnis seines Besuchs in den Mittelpunkt stellte. Ein Neubau bietet seitdem Raum für Ausstellungen, die die Besucher dazu anregen, über die aktuelle Bedeutung von Anne Franks Lebensgeschichte nachzudenken. Als 2009 die Originale der Tagebuchschriften Anne Franks vom niederländischen Staat als Dauerleihgabe der Stiftung überlassen wurden, konnte der damalige Minister für Bildung, Kultur und Wissenschaft, Ronald Plasterk, bei der Übergabe mit Recht sagen: «Das Tagebuch kommt nach Hause.»

Damit folgte das Anne Frank Haus dem allgemeinen Trend bei historischen Museen gerade zum Holocaust und zum Zweiten Weltkrieg. An die Stelle scheinbar beliebig zusammengetragener Objekte, die mit Informationstafeln versehen werden, spielt das Erlebnis der Besucher eine größere Rolle, das durch Geschichten und Berichte von einzelnen Schicksalen vertieft wird. Von verschiedener Seite wurde auf die Risiken eines solchen Konzepts hingewiesen: Wie repräsentativ und objektiv kann eine Ausstellung sein, wenn das Besuchserlebnis und individuelle Geschichten im Mittelpunkt stehen? Um dieser Kritik zu begegnen, müssen die Geschichten und individuellen Zeugnisse mit anderen historischen Quellen verknüpft werden. Viele Kriegs- und Widerstandsmuseen und Gedenkzentren, auch das Anne Frank Haus, haben deshalb die Aufgabe der Wissensvermittlung übernommen oder ausgebaut.

Eine weitere Zunahme der Besucherzahl auf mehr als eine Million pro Jahr erforderte 2017 einen vierten und vorläufig letzten Umbau. Dazu gehörte auch die Behebung eines historischen «Webfehlers»: Die Anne Frank Stiftung wurde endlich Eigentümerin des gesamten Komplexes an der Ecke Prinsengracht und Westermarkt, einschließlich des Hauses, das 1957 mehr oder weniger notgedrungen von der *Universiteit van Amsterdam* erworben worden war, um das Gebäude zu erhalten.

Der Museumseingang wurde von der Prinsengracht an den Westermarkt verlegt, und der frühere Eingang dient nun als Ausgang.

Auch das museale Konzept wurde erneut verändert, da viele nur noch wenig über den historischen Kontext und die Hintergründe des Untertauchens wissen. Im neuen Konzept wurde am Prinzip der Authentizität und des Besuchserlebnisses festgehalten, jedoch eine chronologische Anordnung gewählt. Die Besucher werden mit Hilfe von Bildmaterial, sparsamem Einsatz von Objekten und einem Audioguide mit dem historischen Kontext vertraut gemacht. Um die Erfahrung im Hinterhaus selbst nicht zu beeinträchtigen, gibt es für diesen Teil des Museums keinen Audioguide.

Die Suche nach einer Balance zwischen Vergangenheit und Gegenwart, zwischen der Vermittlung der historischen Umstände und Ereignisse auf der einen Seite und den Lebenswelten der Besucher und der «Lehre aus der Geschichte» für die jeweilige Gegenwart auf der anderen Seite führt dazu, dass sich Museen immer wieder wandeln müssen. Wie dynamisch dieser Prozess sein kann, hat sich in den mehr als sechzig Jahren seit der Eröffnung des Anne Frank Hauses gezeigt.

10. Die vielen Gesichter der Anne Frank seit 1947

«Ich will fortleben, auch nach meinem Tod»

Diese Worte, die Anne Frank im Frühjahr 1944 ihrem Tagebuch anvertraute, sollten sich als prophetisch erweisen (*Tagebuch* A, 25. März 1944). Bei der Vorstellung, nach ihrem Tod fortzuleben, dachte sie vor allem an ihre schriftstellerischen Ambitionen. Sie wollte eine berühmte Schriftstellerin und Journalistin werden und als solche auch nach ihrem Tod in Erinnerung bleiben. Über den Tod musste sie bereits nachdenken, als sie im Versteck lebte und ihre schriftstellerischen Fähigkeiten entwickelte. Auch wenn sie nicht mehr am Leben wäre, würde das Tagebuch nach dem Krieg von ihren Erfahrungen im Versteck zeugen. Damit folgte sie einem Aufruf des exilierten Bildungsministers Gerrit Bolkestein, die Niederländer sollten so viele Kriegserfahrungen wie möglich aufzeichnen und dokumentieren. Wie wir in Kapitel 8 gesehen haben, war das für Anne Frank der unmittelbare Anstoß, ihr persönliches Tagebuch zu einem für die Veröffentlichung bestimmten Manuskript umzuarbeiten.

Anne Franks Wunsch, das von ihr selbst neu geschriebene Tagebuch später zu veröffentlichen, wurde nach dem Krieg von ihrem Vater Otto verwirklicht. Als im Juni 1947 die von ihm und Ab Cauvern zusammengestellte und redigierte Edition der Tagebuchtexte seiner Tochter beim Verlag Contact erschien, waren seit dem Kriegsende und Ottos Rückkehr nach Amsterdam zwei Jahre vergangen. In der Zwischenzeit war bereits viel darüber bekannt geworden, was sich während der Besatzungszeit in den Niederlanden abgespielt hatte.

Vor diesem Hintergrund gewann das Tagebuch der Anne Frank eine Bedeutung, die über die Beschreibung ihrer Kriegserfahrungen hinausging. Der Artikel, den der Historiker Jan Romein unter dem Titel *Kinderstem* (Kinderstimme) am 3. April 1946 in der Tageszeitung *Het Parool* dem (damals noch nicht veröffentlichten) Tagebuch widmete, zeugt davon, ebenso das Vorwort, das seine Frau Annie Romein-Verschoor für die Erstausgabe schrieb. In beiden Texten klingt bereits eine moralische Dimension an, in der die Grausamkeit, zu der Menschen imstande waren, der Unschuld eines Kindes gegenübergestellt wurde. Jan Romein schrieb unter anderem: «Dass dieses Mädchen verschleppt und ermordet werden konnte, ist für mich der Beweis, dass wir den Kampf gegen das Tier im Menschen verloren haben. Wir haben ihn verloren, weil wir ihm nichts Positives entgegengesetzt haben. Und wir werden ihn wieder verlieren, in welcher Form die Unmenschlichkeit uns auch bedrohen mag, wenn wir nicht in der Lage sind, ihm künftig etwas Positives entgegenzusetzen.»

Das ging weit über das hinaus, was Anne Frank selbst vorgeschwebt hatte: ein literarisch-journalistischer Bericht über ihre Erfahrungen in einem Versteck, damit sich die Menschen nach dem Krieg ein Bild von den Geschehnissen in der Besatzungszeit machen konnten. Sie hatte zwar geschrieben, sie wolle «in der Welt und für die Menschen» arbeiten, doch eine genauere Vorstellung davon findet sich in ihren Texten nicht (*Tagebuch A*, 11. April 1944). Romeins Worte passten jedoch zu der Mission, die Otto Frank vorschwebte. Das Tagebuch seiner Tochter sollte eine weiter reichende Bedeutung haben, die sich nicht auf Anne Frank als Autorin beschränkt. Das Tagebuch sollte aus Otto Franks Sicht einen Beitrag zum Positiven leisten, das «dem Tier im Menschen» entgegengesetzt werden müsse: «Ich betrachte Annes Tagebuch als eine Art Testament, ein Positivum gegen Rassismus, Antisemitismus und für Verständigung der Menschen.»

Otto Frank spielte eine wichtige Rolle für das Gedenken an Anne Frank. Er gab die Richtung vor für die Bedeutung, die die Erinnerung an sie seiner Ansicht nach haben sollte. Eine zentrale Rolle nahm dabei die Allgemeine Erklärung der Menschenrechte ein, die unter dem starken Eindruck des Zweiten Weltkriegs und des Holocaust 1948, ein Jahr nach der Erstausgabe des Tagebuchs, verabschiedet worden war. Wie viele andere sah

Otto Frank in dieser Erklärung einen ethischen und juristischen Standard, der eine Wiederholung der Geschichte verhindern könnte. Gleichzeitig versuchte er, den öffentlichen Umgang mit dem Gedenken an seine Tochter so weit wie möglich unter Kontrolle zu behalten. Aus Sorge vor dem, was er als Zweckentfremdung sah, stimmte er nur selten einer Verwendung von Fotos, Texten oder selbst ihres Namens zu. Er befürchtete vor allem eine Kommerzialisierung und Trivialisierung ihrer Lebensgeschichte, je bekannter Anne wurde.

Das Gedenken an Anne Frank hat in den Jahrzehnten seit der Veröffentlichung ihres Tagebuchs auch eine Rolle dabei gespielt, wie die Erinnerung an das «Dritte Reich», den Zweiten Weltkrieg und den Holocaust Gestalt gewann. Zugleich inspirierte es – im Geiste Otto Franks – Menschen dazu, sich für eine bessere Zukunft und eine humanere Welt zu engagieren. Bereits in den ersten Jahren nach der Veröffentlichung des Tagebuchs wurde über die Frage debattiert, wie diese beiden Rollen sich zueinander verhalten könnten, und diese Diskussion hält bis heute an. Es geht dabei nicht nur darum, welche aktuelle Bedeutung die spezifisch jüdische Erfahrung der Verfolgung und des Untertauchens in ihrem historischen Kontext für die jeweils eigene Zeit haben kann («die Lehre aus der Geschichte»), sondern auch um die verschiedenen Wahrnehmungen der Person Anne Frank. Schriftstellerin, Jugendliche, Frau, Jüdin, Niederländerin, Deutsche, Staatenlose, Geflüchtete, Opfer: Das sind nur einige Aspekte ihrer Persönlichkeit, die in späteren Jahren zur Grundlage für unterschiedliche Bedeutungszuschreibungen wurden.

Symbolfigur des Holocaust: Niederlande, Deutschland, Japan und die USA

Obwohl sich das Gedenken an Anne Frank im Prinzip auf ihre ganze Lebensgeschichte bezieht, stand die Zeit im Versteck immer im Mittelpunkt. Das liegt natürlich daran, dass ihr Tagebuch und ihre anderen Texte zum weitaus größten Teil in dieser Zeit entstanden. Die zentrale Stellung der Versteckzeit und die

Tatsache, dass Anne Frank den Krieg nicht überlebt hat, haben dazu geführt, dass die Erinnerung an sie im Zeichen des Holocaust steht. Vor allem ab den sechziger und siebziger Jahren, als sich immer mehr Aufmerksamkeit auf die Ermordung der europäischen Juden während des Zweiten Weltkriegs richtete, wuchs ihr Status als «Gesicht des Holocaust».

Primo Levi, selbst Überlebender von Auschwitz, bemerkte in diesem Zusammenhang: «Eine Einzelperson wie Anne Frank erweckt mehr Anteilnahme als die Ungezählten, die wie sie gelitten haben, deren Bilder aber im Dunkeln geblieben sind. Vielleicht muss es so sein; müssten oder könnten wir die Leiden aller erleiden, könnten wir nicht leben.» Manche andere Überlebende sahen das viel kritischer. Sie stießen sich an Anne Franks Bild in der Öffentlichkeit, weil sie meinten, es sei unverhältnismäßig und lasse nur wenig Raum für die Lebensgeschichten anderer Opfer. So sagte Bloeme Evers-Emden, die wie Anne und Margot Frank das *Joods Lyceum* besucht hatte und im selben Zug nach Auschwitz deportiert worden war wie die Familie Frank: «Für mich ist das Personenkult. An sich ist es sehr interessant, die Gefühle eines unter idealen Bedingungen untergetauchten jüdischen Kindes kennenzulernen. Aber es gibt so viele Zeugnisse dieser Art.»

Ein mindestens ebenso wichtiger Kritikpunkt betraf die Frage, wie repräsentativ ihre Kriegserfahrungen und ihr Bericht darüber im Tagebuch sind. Das Tagebuch endet am 1. August 1944, drei Tage vor der Verhaftung der Menschen im Hinterhaus. Die Zeit in den Konzentrationslagern kommt darin nicht vor. Oder, wie es manche schärfer formulieren: Das Tagebuch bricht da ab, wo die Gräuel beginnen. Wer sich auf die Lektüre des Tagebuchs beschränken würde, bekäme nach Ansicht dieser Kritiker ein völlig falsches Bild von der Geschichte des Holocaust. So wies das *Nieuw Israelietisch Weekblad* 1963 auf die Gefahr hin, dass «unwissende Amerikaner und nur allzu gut wissende Deutsche Annes Leiden (nicht ihr Leiden in Bergen-Belsen, sondern ihr ‹Leiden› im Hinterhaus) als repräsentativ für den Zweiten Weltkrieg betrachten».

Trotz dieser Bedenken ist das Bild von Anne Frank als Sym-

bolfigur des Holocaust weltweit bis heute sehr präsent. Das
zeigt sich auch an den unterschiedlichen nationalen Gedenkkul-
turen. Vier Beispiele sollen das veranschaulichen.

Die Veröffentlichung des Tagebuchs der Anne Frank in den *Niederlanden* 1947 folgte auf andere beeindruckende Bücher über
das Schicksal der niederländischen Juden in der Zeit der deutschen Besatzung. Ein Jahr zuvor waren unter anderem *Amor
Fati* von Abel Herzberg und *Sterrekinderen (Sternkinder)* von
Clara Asscher-Pinkhof erschienen. Beide Schriftsteller waren
wie Anne Frank in Bergen-Belsen interniert, hatten das Lager
aber überlebt. So erschütternd diese Dokumente auch waren,
vermochten sie die Erinnerungskultur, die sich in den Niederlanden in den ersten fünfzehn Jahren nach dem Krieg entfaltete,
doch nicht so stark zu prägen. Das Erinnern stand im Zeichen
des Wiederaufbaus nach fünf Jahren Krieg und Besetzung. Fünf
Jahre, die tiefe Wunden in der niederländischen Gesellschaft
geschlagen, doch die mentale Wehrhaftigkeit der niederländischen Bevölkerung nicht gebrochen hatten. Ein unschuldiges
und friedliches Land hatte schwer unter der brutalen Besatzung
durch das nationalsozialistische Deutschland gelitten, doch
auch dank der standhaften und heroischen Haltung vieler
Bürger seine Freiheit zurückgewonnen. Das war das vorherr-
schende, nationalistische Narrativ, das kollektiv und aktiv ver-
breitet wurde. Eine wichtige Rolle spielte dabei auch das
Königshaus als Symbol für Widerstand und eine souveräne Na-
tion.
   Nicht nur dieses aktiv geförderte Narrativ bestimmte die niederländische Erinnerungskultur in jenem Abschnitt der Nach-
kriegszeit, sondern auch das in der Bevölkerung weit verbreitete
Bedürfnis, die Schrecken der Besatzung und das damit verbun-
dene menschliche Leid hinter sich zu lassen. Warum sollte man
die Stätten von Mord und Terror erhalten und für Besucher öffnen? Man suchte nach positiven, inspirierenden, an menschlichen Werten orientierten und zukunftsweisenden Erzählungen
als treibende Kräfte für die Wiederauferstehung des Landes. In
diesem Kontext geriet die Aufmerksamkeit für das besondere

Leid der niederländischen Juden, sofern sie überhaupt schon vorhanden war, bald in den Hintergrund und verlor sich im allgemeinen Bild des Leides der gesamten niederländischen Bevölkerung.

Erst in der zweiten Hälfte der fünfziger Jahre lebte die öffentliche Aufmerksamkeit unter dem Einfluss der amerikanischen Theater- und Filmadaptionen des Tagebuchs wieder auf. Allmählich bekam das Gedenken an Anne Frank in den Niederlanden einen Platz in der Erinnerung an den Krieg, wenngleich der stark nationalistische Rahmen dieser Erinnerung, in der der Widerstand eine bedeutende Rolle spielte, weiterhin bestand. In dieser Zeit und unter dem Einfluss dieser Entwicklungen nahm auch die Initiative, das Versteck für Besucher zu öffnen, Gestalt an. Damit wurde fünfzehn Jahre nach dem Kriegsende die erste Stätte, die an die Ermordung der niederländischen Juden erinnerte, der Öffentlichkeit zugänglich gemacht. Es sollte jedoch noch bis weit in die sechziger Jahre dauern, bis die Erinnerung an den Holocaust einen eigenen Platz in der niederländischen Gedenkkultur erhielt.

In *Deutschland* hatten drei Faktoren einen besonderen Einfluss auf das Gedenken an Anne Frank: die Teilung des Landes nach dem Krieg, die historische Schuld- beziehungsweise Verantwortungsfrage in Bezug auf den Holocaust sowie die Tatsache, dass Anne Frank in Deutschland geboren war.

Die Teilung in Ost- und Westdeutschland hatte unterschiedliche Erinnerungskulturen zur Folge. In Ostdeutschland bildete der Widerstand gegen Faschismus und Nationalsozialismus den Rahmen für die Erinnerung an das «Dritte Reich». Viele Mitglieder der regierenden Sozialistischen Einheitspartei Deutschlands kamen aus dem deutschen Widerstand gegen die NS-Diktatur und waren in Konzentrationslagern oder Gefängnissen interniert gewesen. Diese persönliche Erfahrung fügte sich in das allgemeine Bild, das sich unter dem Einfluss der Sowjetunion in der DDR und anderen kommunistischen Ländern entwickelt hatte. In dessen Mittelpunkt standen die großen Opfer, die man für die Befreiung des Landes von der nationalsozialistischen

Diktatur und die Errichtung einer klassenlosen Gesellschaft er-bracht hatte. Der Antifaschismus war aber auch ein integrieren-der Mythos: Ungeachtet seiner eigenen Rolle in der NS-Zeit war jeder eingeladen, sich mit den Idealen des neuen sozialistischen Staates und des antifaschistischen Widerstands zu identifizieren. Für das spezifische Leid der Juden war in diesem Kontext wenig bis gar kein Raum. Das zeigte sich auch in der Rezeption des Tagebuchs der Anne Frank, das in der DDR erstmals 1957 in der gleichen Übersetzung wie in Westdeutschland erschien. Nicht die Judenverfolgung, sondern die NS-Diktatur hatte sie zum Op-fer gemacht. Entsprechend wurden die Helfer, vor allem Miep Gies, als Helden gewürdigt, die sich der Diktatur widersetzt hat-ten. Die Wertschätzung war gegenseitig. Als Miep Gies zusam-men mit ihrem Mann auf eine Einladung der Jugendorganisa-tion FDJ 1989 die DDR besuchte, sagte sie in einem Interview: «Das schönste an unserer Reise in der DDR war, dass wir fühl-ten: In diesem Land ist Anne verstanden worden.»

Anders als in der DDR spielte der Begriff des Widerstands bei der Rezeption des Tagebuchs der Anne Frank, die eigentlich erst mit der deutschen Premiere des Theaterstücks 1956 richtig in Gang kam, in der Bundesrepublik Deutschland kaum eine Rolle. Gut zehn Jahre nach Kriegsende appellierte die ergrei-fende Geschichte eines unschuldigen deutschen Mädchens, das durch brutale Gewalt ums Leben gebracht worden war, an ein kollektives Gefühl von Unschuld und Opfereigenschaft. Zwar gab es auf staatlicher Ebene eine gewisse Anerkennung der deutschen Schuld und Verantwortung, doch von einem weit verbreiteten Schuldbewusstsein konnte in der westdeutschen Gesellschaft der fünfziger Jahre nicht die Rede sein. Das Tage-buch der Anne Frank und zweifellos auch das universeller ange-legte Bühnenstück boten die Möglichkeit, die Erinnerung an Anne Frank aus dem historischen Kontext zu lösen und eine all-gemeine Opferrolle in den Mittelpunkt zu stellen, mit der sich im Prinzip auch alle Deutschen identifizieren konnten. Diese Rezeption des Tagebuchs trug lange Zeit dazu bei, die Frage nach der individuellen und der gemeinsamen Schuld und Ver-antwortung für die Ermordung der Juden und nach den politi-

schen und historischen Hintergründen des Holocaust zu vermeiden. Erst in den siebziger und achtziger Jahren, als der
Holocaust auch in anderen Ländern mehr Beachtung fand und
eine Nachkriegsgeneration mit größerem Abstand zu den Ereignissen begann, Fragen zu stellen, kam die deutsche Auseinandersetzung mit der eigenen Schuld und Verantwortung allmählich in Gang. Die amerikanische Fernsehserie *Holocaust* (1978)
war dafür ein wichtiger Anstoß. Die Auseinandersetzung fand
anfangs vor allem innerhalb eines formellen Erinnerungsrah-
mens statt, vorgegeben von der deutschen Regierung und den
deutschen Gedenkzentren. Es dauerte noch bis in die neunziger
Jahre, bevor die Frage der Schuld und Verantwortung auch
breiter diskutiert wurde.

Die Faktoren zu erkennen, die zu Faschismus und Holocaust
geführt haben, gilt als unabdingbar, um der inzwischen weithin
empfundenen Verantwortung gerecht zu werden, eine Wiederholung der Geschichte zu verhindern. Das Gedenken an Anne
Frank und die aktuelle Bedeutung ihrer Lebensgeschichte sind
deshalb in Deutschland inzwischen stark im historischen Kontext verankert. Seit den 2010er Jahren wird in deutschen Medien und akademischen Kreisen über Vergleiche der Opfer des
Holocaust mit Opfern von aktuellen Konflikten oder der Kolo-
nialgeschichte diskutiert. Damit scheint das Holocaust-Geden-
ken in Deutschland eine neue Richtung einzuschlagen.

Wie in Deutschland spielt auch in *Japan* die Vorstellung von
kollektiver Unschuld und kollektivem Opfertum eine wichtige
Rolle beim Gedenken an Anne Frank. Die japanische Übersetzung des Tagebuchs erschien 1952 und weckte großes Interesse
an ihrem Leben und Werk. Anders als in Deutschland wurde die
Auseinandersetzung mit der eigenen Rolle im Zweiten Weltkrieg in der japanischen Erinnerungskultur nie dominant. Auch
wegen der Atombombenabwürfe auf Hiroshima und Nagasaki
im August 1945, die mehr als 300000 Menschen das Leben
kosteten, steht das Leid der japanischen Zivilbevölkerung im
Vordergrund. Vermeintliche Unschuld und gemeinsames Opfertum sind in Japan nach wie vor die wichtigsten Pfeiler einer vor

allem auf die Zukunft gerichteten Erinnerungskultur, der es um die Bedeutung des Friedens in Zeiten von Massenvernichtungswaffen geht. So werden alle Opfer von Kriegsgewalt auf eine Stufe gestellt, ohne die historischen Umstände einzubeziehen und nach der eigenen Rolle in der Geschichte zu fragen. Anne Frank und ihr Tagebuch konnten sich so in Japan zum idealen Symbol für Unschuld und Opfertum entwickeln oder, mit den Worten des niederländischen Journalisten und Japanexperten Ian Buruma, zu «Heiligtümern der japanischen Friedenskultur» werden.

Das Land, das zweifellos den größten Einfluss auf die Erinnerung an Anne Frank und, allgemeiner noch, an den Holocaust ausübte, sind die *USA*. Anne Franks Berühmtheit und ihr ikonischer Status beruhen zu einem großen Teil auf der amerikanischen Theater- und Filmadaption des Tagebuchs aus den fünfziger Jahren. Der große Erfolg des Theaterstücks und des Films hängt auch mit der dominanten Stellung der USA in der Medienkultur zusammen. Der Broadway und Hollywood waren und sind weltweit führend in der Film- und Theaterwelt, und ein Durchbruch dort bedeutet in der Regel einen internationalen Durchbruch.

Der große Erfolg der Bühnen- wie auch der Filmfassung verdankt sich vor allem der Textauswahl des Autorenehepaars Frances Goodrich und Albert Hackett. Bei ihrer Bearbeitung stellten sie nicht das Leid der Juden in den Mittelpunkt, sondern eine optimistische Botschaft der Hoffnung und Lebenskraft, die sich ebenfalls aus Anne Franks Tagebuch herauslesen lässt. Das Publikum bekam eine Anne Frank zu sehen, die trotz allem weiterhin an das Gute im Menschen glaubte. Damit entfernten sich das öffentliche Bild und die Bedeutung des Tagebuchs noch weiter vom historischen Kontext der Judenverfolgung und des Holocaust. Nicht nur, dass das «Tagebuch da abbricht, wo die Gräuel beginnen» – mit ihrer Bearbeitung stellten Goodrich und Hackett das Tagebuch selbst in einen allgemeinmenschlichen Kontext. Das traf einen Nerv in einer Zeit, in der nicht nur in den USA, sondern auch im Nachkriegseuropa der Wohlstand wieder zunahm und die Erinnerung an den Krieg zunehmend eher im Zeichen des Engagements für eine bessere, humanere Zukunft stand. Das Kriegsleid wurde nicht völlig ignoriert, aber es war nicht umsonst gewesen. Anne Frank hatte gelitten, sie hatte nicht überlebt, doch ihr Tod konnte der Menschheit helfen, sich von ihren Sünden zu befreien und für das Gute einzutreten.

Genau das war auch die Botschaft, die Otto Frank für das Gedenken an seine Tochter vorschwebte. Aus dieser Perspektive war Anne Franks Tagebuch eine Inspirationsquelle für junge Menschen, die ihre eigene, bessere Welt aufbauen wollten: eine friedliche Welt, nicht nur ohne Judenhass, sondern auch allgemein ohne Hass zwischen Völkern, Ländern oder Religionen. Im Amerika der fünfziger Jahre fiel das auf fruchtbaren Boden. Nicht zufällig hatte die ehemalige First Lady Eleanor Roosevelt für die amerikanische Ausgabe des Tagebuchs 1952 das Vorwort geschrieben. Sie hatte einige Jahre zuvor federführend an der Entstehung der Allgemeinen Erklärung der Menschenrechte mitgewirkt und stand damit der Mission nahe, die Otto Frank mit dem Gedenken an seine Tochter verband: «Was geschehen ist, können wir nicht mehr ändern. Das Einzige, was wir tun können, ist, aus der Vergangenheit zu lernen und zu erkennen, was Diskriminierung und Verfolgung unschuldiger Menschen bedeutet.»

Universale Botschaft oder Zeitdokument?

Otto Franks Entscheidung, das Tagebuch seiner Tochter mit einer allgemeinmenschlichen und nicht spezifisch jüdischen Mission zu verbinden, war einerseits der Schlüssel für den Erfolg, stieß andererseits jedoch von Anfang an auf Kritik. Er habe sich das Gedenken an seine Tochter für eine weitgehende Universalisierung auf Kosten der spezifisch jüdischen Elemente angeeignet, so lautete der Vorwurf. Um das Tagebuch und die Adaptionen einem breiten, internationalen Publikum zugänglich zu machen, habe er die spezifisch jüdischen Elemente bewusst so weit wie möglich ausgeblendet oder jedenfalls die Gelegenheit dazu geschaffen. Die Bedeutung des Tagebuchs aus seinem spezifischen historischen Kontext herauszulösen, werde der jüdischen Erfahrung während des Holocaust nicht gerecht. Diese Kritik stand auch im Mittelpunkt des Konflikts zwischen Meyer Levin und Otto Frank über die Bühnenadaption des Tagebuchs.

Otto Frank hat diese Kritik nie verstanden und sich immer dagegen verwahrt. Er sah keinen Widerspruch zwischen der jüdischen und der «universellen» Bedeutung des Holocaust, personifiziert in seiner eigenen Tragödie mit dem Verlust seiner gesamten Familie. Jüdischsein verband sich für ihn auf geradezu natürliche Weise mit einer allgemeinmenschlichen Bedeutung des Holocaust. Zwar hielt er es für notwendig, die Geschichte des Holocaust zu kennen, wichtiger als der historische Kontext waren aus seiner Sicht jedoch die allgemeinen Muster menschlichen Handelns, die dem Massenmord zugrunde lagen. Nicht die Geschichte an sich sollte im Vordergrund stehen, sondern die allgemeine Lehre aus ihr.

Dennoch hielt sich der Vorwurf der Dekontextualisierung und Universalisierung und traf nicht nur Otto Frank, sondern nach dessen Tod 1980 auch andere, die sich mit dem Gedenken an Anne Frank befassten. So schrieb Cynthia Ozick 1997 in einem Essay mit dem Titel «Who owns Anne Frank?», Otto Frank sei mitschuldig an der «oberflächlich optimistischen Sichtweise», die in der öffentlichen Wahrnehmung Anne Franks und ihres Tagebuchs inzwischen vorherrsche. Er habe zur Verfälschung und «Verkitschung» des Tagebuchs beigetragen, während die wahren Ursachen von Anne Franks Leid und Tod ausgeklammert worden seien.

Die Bedeutungen, die Leben und Werk Anne Franks im Laufe der Jahre zugeschrieben wurden, bewegen sich in dem Spektrum zwischen einer starken Betonung des historischen Kontextes ihrer Lebensgeschichte auf der einen Seite und der universell-menschlichen und aktuell relevanten Aspekte auf der anderen Seite. Im Geiste von Otto Franks Mission werden ihre Lebensgeschichte und ihr Werk noch immer in vielen Ländern

Marc Chagall, Lithographie, Beilage zu einer französischen Ausgabe des Tagebuchs (1959), in einer limitierten Auflage von 495 Exemplaren

für didaktische Zwecke herangezogen. Lehrer verwenden das Tagebuch und davon inspirierte Unterrichtsmaterialien. Auch außerhalb der Schulen wird das Gedenken an Anne Frank pädagogisch für die «Lehre aus der Geschichte» eingesetzt. Die zahlreichen künstlerischen Äußerungen, die sich auf Anne Frank beziehen, bieten ein faszinierendes Bild von der Resonanz auf ihr Leben, ihr Werk und ihren ikonischen Status. Schriftsteller, bildende Künstler, Musiker, Filmemacher, Choreografen: Überall finden sich Beispiele von Künstlern, die ihrer eigenen kreativen Verbindung mit ihr Ausdruck verleihen.

Auch für den Kampf gegen den Rassismus spielte Anne Frank eine Rolle. Davon zeugt die Anwesenheit von Martin Luther King bei der Filmpremiere von *The Diary of Anne Frank* 1959 wie auch die Tatsache, dass Nelson Mandela und andere Anti-Apartheid-Aktivisten während ihrer Inhaftierung auf Robben Island aus der Lektüre des Tagebuchs Kraft schöpften. Andere Vereinnahmungen sind weniger naheliegend. Es vergeht kaum ein Tag, an dem nicht irgendwo auf der Welt jemand zum Ausdruck bringt, welche Bedeutung Anne Frank für ihn hat. Das verleiht ihr einen ikonischen Status, der es ermöglicht, ihren Namen und ihr Bild für die verschiedensten Zwecke zu gebrauchen. Von Flutopfern bis zu Verfechtern der Sache Palästinas, von Klimaaktivisten bis zu Gegnern von Corona-Maßnahmen, von Jugendlichen in den Favelas von Sao Paolo bis zu Fußballhooligans: Überall stößt man auf ihren Namen oder ihr Bildnis im Zusammenhang mit sehr unterschiedlichen Anliegen. Immer wieder stellt sich dabei die Frage, wie sich eine bestimmte Bezugnahme auf Anne Frank zu ihrer Lebensgeschichte verhält. Unter welchen Bedingungen darf man ihren Namen ins Spiel bringen, um Aufmerksamkeit für ein aktuelles Thema zu wecken? Sind Vergleiche erlaubt, wenn sich die eigene Zeit so ausdrücklich von der Zeit und den Umständen unterscheidet, in denen sie gelebt hat? Wie reagieren wir auf Äußerungen spontaner, oft gefühlsmäßiger Verbundenheit mit Anne Frank, etwa von Teenagern in einer Lockdown-Situation während der Pandemie? Und wer wollte über solche Vereinnahmungen urteilen?

Die Vehemenz, mit der diese und ähnliche Fragen immer wieder in der Öffentlichkeit diskutiert werden, illustriert den unvermindert ikonischen Status Anne Franks. Das Gedenken an sie ist zu einem Phänomen für sich geworden, das sich in einem freien öffentlichen Raum weiterentwickelt und ihre Bedeutung und ihren Platz im kollektiven Gedächtnis sichert. Die verschiedenen gegenwartsbezogenen Deutungen sind in dieser Hinsicht ebenso aufschlussreich wie ihre historische Bedeutung als Opfer des Holocaust.

Epilog

Mehr als fünfundsiebzig Jahre nach ihrem grausamen Tod im Konzentrationslager Bergen-Belsen ist das Interesse am Leben und Werk Anne Franks noch immer groß. Auf der ganzen Welt wird ihr Tagebuch gelesen, und jedes Jahr besuchen mehr als eine Million Menschen den Ort in Amsterdam, der ihr als Versteck diente und wo sie ihr Tagebuch schrieb. Zu der ohnehin schon beeindruckenden Reihe von Theateraufführungen, Filmen, Dokumentarfilmen, Musicals, Tanzaufführungen, Skulpturen und anderen künstlerischen Ausdrucksformen, die auf ihrer Lebensgeschichte basieren, gesellen sich regelmäßig neue Produktionen. Straßen, Plätze und Schulen wurden nach ihr benannt, mehrere Länder begehen einen Anne-Frank-Tag, es gibt eine Anne-Frank-Rose und sogar einen Anne-Frank-Asteroiden. Sie ist eine Inspirationsquelle für die unterschiedlichsten Gruppen: Schriftsteller, Friedensaktivisten, Gewaltopfer, Flutopfer, Befreiungsbewegungen, Mädchen im Teenageralter, Feministinnen, Gegner von Corona-Maßnahmen.

Diese bunte Palette weit verbreiteter und unterschiedlicher Formen eines Engagements unter Berufung auf Anne Frank drängt die «echte» Anne Frank, das Mädchen, das 1929 in Frankfurt am Main zur Welt kam und Anfang 1945 unter unmenschlichen Bedingungen starb, manchmal in den Hintergrund. Ihre Berühmtheit geht auf die Zeit nach ihrem Tod zurück, auf die Veröffentlichung ihres Tagebuchs durch ihren Vater und vor allem auf die Theater- und Filmadaptionen dieser Buchausgabe Mitte der fünfziger Jahre. Unser Bild von Anne Frank und unser Wissen über sie werden von dieser Tatsache beeinflusst. Das meiste, das wir über sie wissen – neben dem, was sie in ihrem Tagebuch und in Briefen an Familienangehörige über sich schreibt –, beruht auf den Erinnerungen und Aussagen von Menschen, die sie kannten oder sich in ihrer Nähe aufhielten. Diesen Berichten verdanken wir einen Schatz an Informationen, die uns einen Einblick in das kurze Leben der Anne Frank gewähren. Gleichzeitig unterliegen auch diese Geschichten dem Vorbehalt, dass es sich um subjektive Erlebnisse handelt, die oft erst Jahre und manchmal Jahrzehnte nach dem Krieg aufgezeichnet wurden. Das birgt das Risiko einseitiger und mitunter auch falscher Informationen, die sich leicht verselbstständigen können. Im Kapitel über die Verhaftung am 4. August 1944 wird das beispielhaft gezeigt und dafür plädiert, auch andere Gründe als Verrat in Betracht zu ziehen. Der Wert von Erinnerungen und Zeitzeugenberichten tritt vor allem dann hervor, wenn man sie in einen kritischen Zusammenhang mit anderen, vorzugsweise primären Quellen einbindet.

Wie wichtig es ist, Anne Franks Leben und Werk historisch gründlich zu erforschen, hängt auch damit zusammen, dass ihr eine vorwiegend pädagogische Funktion für den Zugang zum Thema Judenverfolgung und Holocaust zugeschrieben wird. Das hebt auch der amerikanische Holocaustexperte James Young hervor, wenn er das Anne Frank Haus als ein «easy, accessible window to this period» bezeichnet. Gerade um zu verdeutlichen, welchen Platz Anne Franks Leben und Werk in der Geschichte der Judenverfolgung, des Zweiten Weltkriegs und des Holocaust einnehmen kann und welchen nicht, ist ein zuverlässiges, wissenschaftlich fundiertes Wissen über ihre Lebensgeschichte unerlässlich. Studien in mehreren Ländern zeigen ausnahmslos, dass junge Menschen immer weniger über die Geschichte des Holocaust wissen. Gleichzeitig ist das Interesse junger Menschen noch immer groß, und die Namen «Auschwitz» und «Anne Frank» sind vielen bekannt. Das bietet Anknüpfungspunkte, um die Bedeutung von Anne Franks Leben und Werk bei der Erinnerung an den Holocaust auch in Zukunft bewusst zu machen.

In dem Sammelband *Anne Frank Unbound* plädieren die Herausgeber Barbara Kirshenblatt-Gimblett und Jeffrey Shandler für einen Ansatz, der die aktuelle Bedeutungsgebung nicht notwendigerweise aus Anne Franks Lebensgeschichte herleitet. Sie betrachten die vielfältigen Formen, in denen sich Menschen individuell oder in kleinen Gemeinschaften auf Anne Frank beziehen, als eigenständiges Phänomen. Versuche, dieses Phänomen Regeln und Normen zu unterwerfen, werden in diesem eher anthropologischen Ansatz mit der Begründung abgelehnt, sie würden der Bedeutung nicht gerecht, die Anne Frank für Millionen Menschen auf der ganzen Welt habe. Diese individuelle Sinngebung könne zwar ein Anlass sein, mehr über Anne Franks Geschichte erfahren zu wollen, doch ihre Relevanz für die Gegenwart hänge nicht per se davon ab.

Nur wenige der Menschen, die Anne Frank bewusst gekannt haben, leben noch. In einiger Zeit wird es niemanden mehr geben, der sich persönlich an sie erinnern kann. Das Gleiche gilt für die Überlebenden des Holocaust. Sie werden nicht mehr da sein, wenn es darum geht, neuen Generationen davon zu erzählen und die Geschichte an sie weiterzugeben. In diesem Licht betrachtet wird das Gedenken an Anne Frank weiterhin eine wichtige Rolle dabei spielen, die Erinnerung an den Holocaust wachzuhalten. Ihr Leben und Werk werden auch für neue Generationen ein einzigartiges Fenster auf diese Geschichte sein und so dazu beitragen, dass sie nicht allmählich im kollektiven Bewusstsein verblasst.

Im Laufe der Zeit wandelt sich die Bedeutung, die Anne Frank für Millionen Menschen auf der ganzen Welt hat. Auf ihre eigene Weise und ausgehend von ihrer Lebenswelt gestalten sie die Verbindung zu ihr und verleihen ihr einen neuen Symbolwert, mitunter auch durch neue Formen, ihre Geschichte zu erzählen. Diese vielfältige Resonanz bestimmt weiterhin die Dynamik des Gedenkens. So werden wir in den kommenden Jahren von Anne Frank nicht nur viel über sie und ihre Geschichte lernen, sondern auch und vor allem über uns selbst.

Zeittafel

1929, 12. Juni	Anne(lies Marie) Frank wird geboren.
1933, 31. Januar	Hitler und die Nationalsozialisten kommen an die Macht.
1934	Die Familie Frank emigriert nach Amsterdam.
1939, 1. September	Beginn des Zweiten Weltkriegs mit dem deutschen Überfall auf Polen
1940, 10. Mai	Deutschland überfällt die Niederlande, die nach fünf Tagen kapitulieren.
1941, 22./23. Februar	Erste Razzia in Amsterdam, 400 jüdische Männer werden nach Mauthausen deportiert.
1942, 3. Mai	Einführung des gelben Sterns in den Niederlanden
1942, 12. Juni	Anne Frank bekommt ein Tagebuch zum Geburtstag.
1942, Juli	Die Familien Frank (6. Juli) und van Pels (13. Juli) tauchen unter.
1942, 14. Juli	Die Besatzer beginnen, Juden aus den Niederlanden über das Durchgangslager Westerbork in Konzentrations- und Vernichtungslager zu deportieren.
1942, 16. November	Fritz Pfeffer zieht ebenfalls ins Hinterhaus in der Prinsengracht.
1944, 4. August	Die Untergetauchten werden entdeckt und eingesperrt.
1944, 8. August	Deportation ins Durchgangslager Westerbork
1944, 3. September	Die Untergetauchten werden nach Auschwitz deportiert.
1944, 1. November	Anne Frank und ihre Schwester Margot werden ins KZ Bergen-Belsen gebracht.
1945, Februar	Anne und Margot Frank sterben entkräftet.
1945, 3. Juni	Otto Frank kehrt nach Amsterdam zurück.
1945, 18. Juli	Otto Frank erfährt durch Lien Brilleslijper vom Tod seiner Töchter.
1947, 25. Juni	«Das Hinterhaus» erscheint in den Niederlanden.
1960, 3. Mai	Das ehemalige Versteck wird ein Museum: das Anne Frank Haus.

Quellen und Literatur

Barnouw, David, und Gerrold van der Stroom: Wer verriet Anne Frank? Aus dem Niederländischen von Simone Schroth, Münster 2005

Benda-Beckmann, Bas von: Nach dem Tagebuch. Das Schicksal von Anne Frank und der anderen Untergetauchten aus dem Hinterhaus. Aus dem Niederländischen von Marlene Müller-Haas, Zürich 2021

Broek, Gertjan: An Investigative Report on the Betrayal and Arrest of the Inhabitants of the Secret Annex, Anne Frank Stichting, 2016

Bruijn, Peter de (ed., met medewerking van Elli Bleeker en Marielle Scherer): Anne Frank – Manuscripten. Onder auspiciën van Huygens Instituut voor Nederlandse Geschiedenis (KNAW) en Anne Frank Stichting. Online publicatie verzorgd door de Vereniging voor Onderzoek en Ontsluiting van Historische Teksten. Brüssel 2021. https://annefrankmanuscripten.org (Version: September 2021)

Bruyn, Jeroen de, und Joop van Wijk: Het zwijgen voorbij. Een biografie van de jongste helper van het Achterhuis, Heemstede 2018

Charles, J. B.: Volg het spoor terug, Amsterdam 1963 (7. Aufl.)

Diggele, Els van: Het raadsel van Femma. Prooi van een mensenredder, Amsterdam 2020

Frank, Anne: Het Achterhuis. Dagboekbrieven 12 juni 1942–1 augustus 1944, Amsterdam 1947

–: De Dagboeken van Anne Frank, verzorgd door David Barnouw en Gerrold van der Stroom, Amsterdam 2004

Frank, Otto: Herinneringen aan Anne [Erinnerungen an Anne], Typoskript (wahrscheinlich für eine Rede), 1968

–: Interview, in: Basler Magazin, 24. Februar 1979

Gies, Miep: Meine Zeit mit Anne Frank. Bericht jener Frau, die Anne Frank und ihre Familie in ihrem Versteck versorgte, sie lange Zeit vor der Deportation bewahrte – und sie doch nicht retten konnte. In Zusammenarbeit mit Alison Leslie Gold. Aus dem Englischen von Liselotte Julius, Bern u. a. 1987

–: «Danke für die Liebe, die man uns entgegenbrachte!», in: Junge Welt, 25. September 1989

Gross, Raphael: November 1938. Die Katastrophe vor der Katastrophe, München 2013

Jaeger, Toef: Uitgeverij Contact. 1933–2008. Een kleine geschiedenis, Amsterdam 2007

Kienzle, Birgit: Lasst mich so sein wie ich will. Anne Frank. Fernsehdoku-
    mentation, Südwestfunk 1979
Kirshenblatt-Gimblett, Barbara, und Jeffrey Shandler (Hg.): Anne Frank
    Unbound – media, imagination, memory, Bloomington 2012
Kremer, Gerard: De achtertuin van het Achterhuis, Ede 2018
Kristof, Nicolas: «Anne Frank today is a Syrian Girl», in: The New York
    Times, 25. August 2016
Lee, Carol Ann: Otto Franks Geheimnis. Aus dem Englischen von Renate
    Weitbrecht und Helmut Dierlamm, München 2005
Lubinsky, Kurt: «Ein Kind erlebt die Nazizeit. Das Tagebuch der Anne
    Frank», in: Aufbau 16, 16. April 1948
Maarsen, Jacqueline van: Meine Freundin Anne Frank. Aus dem Niederlän-
    dischen von Stefanie Schäfer, München 1997
Müller, Melissa: Das Mädchen Anne Frank. Die Biographie. Mit einem
    Nachwort von Miep Gies, München 2003
Ozick, Cynthia: «Who owns Anne Frank?», in: The New Yorker, 6. Okto-
    ber 1997
Pressler, Mirjam: «Grüße und Küsse an alle». Die Geschichte der Familie
    von Anne Frank. Unter Mitarbeit von Gerti Elias, Frankfurt am Main
    2009
Romein, Jan: «Kinderstem», in: Het Parool, 3. April 1946
Schnabel, Ernst: Anne Frank. Spur eines Kindes, Frankfurt am Main 1958
Schuyer, Eddie: «Anne Frank als relikwie», in: Nieuw Israelietisch Week-
    blad, 7. Juni 1963
Winter-Levy, Rosa de: Aan de gaskamer ontsnapt! Het Satanswerk van de
    S. S. Relaas van het lijden in en de bevrijding uit het concentratiekamp
    «Birkenau» bij Auschwitz, Doetinchem o. J. (1945)
Young, James E.: «Het Anne Frank Huis: een venster op de Holocaust», in:
    Anne Frank Magazine, Anne Frank Stichting, 1999
Zee, Sytze van der: Vogelvrij. De jacht op de Joodse onderduiker, Amster-
    dam 2010

Bildnachweis

Personenregister